Mutações da cultura midiática

comunicação & cultura

- Comunicação digital: educação, tecnologia e novos comportamentos - André Barbosa Filho e Cosette Castro

- Mutações da cultura midiática - Roberto Elísio dos Santos, Herom Vargas e João Batista F. Cardoso (orgs.)

Roberto Elísio dos Santos
Herom Vargas
João Batista F. Cardoso
(orgs.)

Mutações da cultura midiática

Paulinas

Dados Internacionais de Catalogação na Publicação (CIP)
(Câmara Brasileira do Livro, SP, Brasil)

Santos, Roberto Elísio dos
  Mutações da cultura midiática / Roberto Elísio dos Santos, Herom Vargas, João Batista F. Cardoso. – 1. ed. – São Paulo : Paulinas, 2009. — (Coleção comunicação & cultura)

  Bibliografia.
  ISBN 978-85-356-2392-5

  1. Comunicação 2. Comunicação e cultura 3. Inovações tecnológicas 4. Meios de comunicação 5. Mídia – Aspectos sociais 6. Mídia digital I. Vargas, Herom. II. Cardoso, João Batista F. III. Título. IV. Série.

08-12017   CDD-302.23

Índices para catálogo sistemático:
1. Cultura mediática : Sociologia   302.23
2. Mídia : Sociologia   302.23

Este livro segue a nova ortografia da Língua Portuguesa.

Direção-geral: *Flávia Reginatto*
Editora responsável: *Luzia M. de Oliveira Sena*
Assistente de edição: *Andréia Schweitzer*
Copidesque: *Anoar Jarbas Provenzi*
Coordenação de revisão: *Marina Mendonça*
Revisão: *Ana Cecilia Mari*
Direção de arte: *Irma Cipriani*
Gerente de produção: *Felício Calegaro Neto*
Projeto gráfico: *Telma Custódio*
Editoração eletrônica: *Wilson Teodoro Garcia*

Nenhuma parte desta obra poderá ser reproduzida ou transmitida por qualquer forma e/ou quaisquer meios (eletrônico ou mecânico, incluindo fotocópia e gravação) ou arquivada em qualquer sistema ou banco de dados sem permissão escrita da Editora. Direitos reservados.

Paulinas
Rua Pedro de Toledo, 164
04039-000 – São Paulo – SP (Brasil)
Tel.: (11) 2125-3549 – Fax: (11) 2125-3548
http://www.paulinas.org.br – editora@paulinas.com.br
Telemarketing e SAC: 0800-7010081
© Pia Sociedade Filhas de São Paulo – São Paulo, 2009

Sumário

Prefácio
Lucia Santaella 7

Introdução 11

1. Inovações na linguagem e na cultura midiática
   João Batista Freitas Cardoso, Roberto Elísio dos Santos e Herom Vargas 19

2. Cenografia virtual: o cenário atual e o cenário possível
   João Batista Freitas Cardoso 43

3. A revanche do cinema de animação:
   o imaginário concretizado ou a desnecessidade de sonhar
   Marcello Giovanni Tassara 61

4. Entretenimento e cibercultura: o que os mundos virtuais *Second Life* e *Stars Wars Galaxies* nos ensinam sobre a *primeira vida*?
   Simone Pereira de Sá e Luiz Adolfo de Andrade 77

5. História em quadrinhos e mídia digital: linguagem, hibridização e novas possibilidades estéticas e mercadológicas
   Roberto Elísio dos Santos 99

6. As políticas públicas de comunicação para o rádio brasileiro: regulação, digitalização e integração
   André Barbosa Filho 121

7. Por onde anda a canção?
   Os impasses da indústria na era do MP3
   Eduardo Vicente 143

8. "Essa é pra tocar no rádio": redundância e experimentalismo na canção de sucesso
   Herom Vargas 169

9. Guel Arraes e a renovação da linguagem na televisão brasileira
   Yvana Fechine 205

Autores 229

Prefácio
Nas encruzilhadas das mídias

Há alguns anos, venho insistentemente chamando atenção, em várias ocasiões, para a necessidade de se distinguir seis tipos de lógicas culturais que, embora sejam historicamente sequenciais e distintas, foram mesclando-se e interconectando-se de modo indissolúvel até a constituição contemporânea de um tecido cultural hipercomplexo e densamente híbrido: a cultura oral, a escrita, a impressa, a cultura de massas, a cultura das mídias e a cibercultura.

São formações culturais resultantes da gradativa introdução histórica de novos meios de produção, armazenamento, transmissão e recepção de signos no seio da vida social. Longe de se excluírem mutuamente, é cumulativa e integrativa a tendência dos meios de produção e sistemas de signos que lhes são correspondentes. Os novos meios vão chegando, levando os anteriores a uma refuncionalização e provocando uma reacomodação geral na ecologia midiática. De fato, conforme muitos autores têm defendido, a emergência de um novo sistema de signos não apaga o que veio antes, mas adere como uma nova camada, aumentando a densidade da malha cultural. Sob esse ponto de vista, simultaneidade, coexistência, intercâmbios e misturas inextricáveis dessas formações culturais constituem-se em chaves para a compreensão da hipercomplexidade cultural e comunicacional das sociedades contemporâneas.

Não há como negar que os novos meios de produção e os sistemas de signos que eles instauram acabam sempre por ficar mais visíveis, dominando a cena cultural. Sem apagar a coexistência e as misturas entre as formações culturais anteriores, as tecnologias de comunicação mais recentes acabam por se sobressair em relação às demais. É isso que vem acontecendo com as mídias digitais das quais emergiu a cibercultura hoje já na sua segunda fase, tanto interna ao ciberespaço, na Web 2.0 e 3.0, quanto externa nas misturas entre ciberespaço e espaços físicos, propiciadas pelos dispositivos móveis que, embora miniaturizados, constituem-se hoje em verdadeiras plataformas para conexões multimidiáticas.

Entretanto, o evidente domínio do *dernier cri* tecnológico não é suficiente para asfixiar o funcionamento das formações culturais preexistentes. É assim que as múltiplas facetas do universo digital continuam convivendo com a cultura de mídias que ainda funcionam fora das redes do mundo ciber (DVD de filmes, xerox de textos, tocadores MP3 etc.) e com a cultura de massas, juntamente com as culturas precedentes, menos evidentes, mas ainda presentes: a oral, a escrita e a impressa, todas ainda vivas e ativas. Por isso mesmo, hoje vivemos uma verdadeira confraternização geral de todas as formas de cultura, que Henry Jenkis chama de cultura da convergência para se referir ao fluxo de conteúdos através de múltiplos suportes midiáticos em que mídias antigas e novas tendem a interagir de modo cada vez mais complexo.

É nesse contexto que também venho defendendo com insistência o que caracterizo como uma ecologia pluralista das práticas midiáticas, artísticas e culturais em geral. Como se sabe, ecologia é o estudo da distribuição dos organismos vivos e a maneira como essa distribuição é afetada pelas interações entre os organismos e o meio ambiente. O ambiente de um organismo inclui tanto as propriedades físicas como clima, geologia etc., quanto também os outros organismos que compartilham o mesmo *habitat*.

Por ecologia pluralista na cultura, quero significar uma considerável expansão dos parâmetros que tradicionalmente serviam para definir as práticas culturais. Em vez de buscar legitimações em termos de princípios institucionalmente sancionados, uma ecologia pluralista busca traçar as redes de suas culturas e lógicas operacionais em contextos espaciais, temporais, sociais e ambientais amplamente concebidos.

Volto à defesa de tais ideias porque o conjunto de ensaios que estou aqui apresentando constitui-se em exemplo vivo que dá corpo a essas ideias de maneira privilegiada. O foco de convergência da maioria dos artigos verifica-se na encruzilhada em que mídias do universo ciber encontram-se com mídias próprias de outros tipos de formações culturais. A convergência encontra-se na exploração dos fatores de transformação e inovação que a tecnologia digital está trazendo para diferentes sistemas de signos: cenografia, história em quadrinhos, rádio, canção.

Como se dão as novas circulações de signos e os novos regimes de sentido que emergem em misturas que estão longe de ser pré-determinadas? Contra as suposições de que o computador não veio para transformar, mas sim para destruir as mídias e formas culturais precedentes, contra as visões lineares da temporalidade das mídias, em ensaios especializados, este livro vem comprovar que, no universo das mídias e dos signos, a história não caminha em linhas retas, mas em múltiplas direções. Exemplo disso encontra-se na necessidade de se dar hoje mais atenção à animação, ao cinema de animação, ao desenho animado e ao movimento sintético. De fato, o ensaio sobre a revanche do cinema de animação bate em teclas semelhantes àquelas que foram tocadas por Lev Manovich no seu artigo sobre "O cinema, a arte do índice", no qual argumenta que os quadros de um filme digital pintados à mão através do computador são provavelmente o exemplo mais dramático do novo estatuto do cinema. Ou seja, a construção manual e a animação de imagem que deram origem ao cinema, retornam agora triunfantes para dar fundamento ao cinema digital.

Outro ensinamento que o leitor encontrará nas páginas deste livro está no movimento de ressignificação, quer dizer, a maneira como uma nova mídia é capaz de ressignificar mídias precedentes. Por exemplo, quanto a fotografia nos fez ver a pintura com olhos novos e, mais do que isso, nos ensinou a conceber o próprio olhar como um constructo, quase tão artificial quanto uma foto. Assim também, a segunda vida propiciada pelos games e, sobretudo, pela plataforma *Second Life*, por mais artificial que possa parecer, serve, antes de tudo, ao desenvolvimento de competências motoras, perceptivas e cognitivas que nos habilitam a enfrentar a complexidade crescente da vida chamada real.

Enfim, entre a vida e o artifício, entre o físico e o virtual, entre mídias antigas e novas não correm largos oceanos, mas sim os finos fios de múltiplos cruzamentos que precisamos aprender a enxergar. Este livro sinaliza bons caminhos para essa aprendizagem.

LUCIA SANTAELLA

Introdução

No âmbito comunicacional, as inovações surgidas não se concentram e nem se esgotam nas questões tecnológicas, mas elas, com maior ou menor força, interferem em vários aspectos do processo comunicativo. Seguindo essa visão, os pesquisadores franceses Barbier e Lavenir,[1] ao abordarem a industrialização da mídia impressa verificada no século XIX, percebem que a inovação na forma de produção do livro ou do periódico também implicou a inovação de sua difusão, de seu conteúdo, das *práticas de apropriação dos textos*, do papel dos autores e dos críticos e *da própria definição de literatura*. As prensas e a composição mecânica, resultantes do aprimoramento tecnológico característico de um dado período histórico (o da consolidação da sociedade capitalista industrial), não apenas geraram modificações de base econômica, como também criaram novos públicos (feminino e infantil) e novos produtos (a novela, o folhetim, o almanaque), com conteúdos diferentes e atendendo às novas necessidades dos receptores (de informação, de entretenimento etc.).

Nesse sentido, o objetivo deste livro é abordar como as inovações em curso no final do século XX e início do XXI alteram os processos comunicativos, assim como provocam mudanças na sociedade, na economia e na cultura. Os pesquisadores que participam desta obra propõem reflexões sobre as consequências dessas inovações no conteúdo de produtos midiáticos, ou em sua linguagem, ou ainda em sua relação com o receptor. Seus estudos

---

[1] Cf. BARBIER, F.; LAVENIR, C. B. *Historia de los Medios*; de Diderot a internet. Buenos Aires: Ediciones Colihue, 1999. p. 115.

mostram como a inovação tecnológica modifica suportes, cria e amplia canais de difusão e, da mesma forma que as inovações formais ou estéticas, introduz novos conteúdos simbólicos e diferentes maneiras de perceber o mundo e criar sentidos.

O capítulo 1 deste livro – fruto de questionamentos de ordem teórica realizados pelos organizadores (João Batista Freitas Cardoso, Roberto Elísio dos Santos e Herom Vargas) – pretende aprofundar a relação que se estabelece entre as inovações e a cultura midiática. Trata dos estudos midiáticos e de suas conexões culturais, discursivas, simbólicas, filosóficas e teóricas, nas quais a inovação se faz presente. Discute, ainda, mudanças nas linguagens e inter-relações sígnicas nos processos e produtos midiáticos, novos usos culturais das tecnologias e das mídias, relações entre arte, processos criativos e experimentalismo nas mídias contemporâneas, assim como a renovação dos processos de mediação.

A partir do capítulo 2, são feitas análises pontuais das inovações em relação a determinadas mídias, produtos culturais ou sistemas de comunicação, bem como dos impactos causados em suas linguagens ou em seus usos por parte dos produtores e receptores.

O capítulo 2, elaborado por João Batista Freitas Cardoso, aborda a *cenografia virtual* partindo da evidência de que a evolução do espaço cênico na história leva à transformação na cenografia, que precisa adaptar-se a cada novo espaço de representação. O presente texto trata de uma forma específica de representação encontrada hoje no espaço televisivo, o cenário virtual. Essa nova transformação do espaço cênico vem afetando a forma de desenvolvimento do projeto cenográfico e, consequentemente, o próprio conceito de cenografia. A principal questão a ser discutida nesse capítulo é se a cenografia utiliza os recursos da informática para adaptar-se à evolução do sistema televisivo ou se a televisão, com os recursos da informática, está inventando uma nova forma de representação do espaço.

Marcello Giovanni Tassara elege como objeto de estudo, no capítulo 3, a animação, semente que deu origem ao próprio cinema e que acabou sendo sufocada por este mesmo meio de expressão que dominou o século XX. O desenvolvimento da fotografia impulsionou o cinema convencional de tal maneira que o desenho animado e outras técnicas afins só conseguiram sobreviver graças à obstinação de alguns autores e pesquisadores como Norman McLaren, Lotie Reineger, Oskar Fischinger ou Alexander Alexeieff, todos ungidos com o estigma da genialidade. Assim, nos anos idos, poucas foram as peças de peso realizadas segundo as técnicas tradicionais do desenho animado que conquistaram o *status* de "indústria". Entre essas obras destacam-se os produtos saídos dos Estúdios Disney. No entanto, essa situação parece estar mudando – talvez com uma reversão radical de tendências – mediante a entrada em cena das tecnologias digitais. Além dos filmes integralmente realizados no diapasão dessas tecnologias (como *Toy Story, Cassiopeia* ou *Final Fantasy*), na atualidade são raros os que não comportam a intervenção da computação gráfica, alguns deles trazendo aos olhos deslumbrados do espectador enxurradas de efeitos especiais (*Batman, Guerra nas Estrelas, Jurassic Park, Homem-Aranha*). Outras vezes, são apenas elementos introduzidos com muita competência, sorrateiramente, mal percebidos pelo público. O futuro ainda está repleto de incógnitas, mas vale a pena jogar algumas fichas na animação digital como ferramenta essencial na produção de qualquer filme, seja para os que visam apenas ao lucro financeiro, seja para aqueles cujos autores anseiam marcar presença com mensagens de teor humanístico mais permanente e consistente.

No capítulo 4, Simone Pereira de Sá e Luiz Adolfo de Andrade propõem uma análise do universo dos games, tomando-os como exemplares para refletir sobre tendências da cultura do entretenimento na atualidade. A premissa dos autores é a de que os games, ao mesmo tempo que movimentam a economia digital, representam uma vertente complexa da cultura do entretenimento na contemporaneidade, uma vez que expressam, traduzem e nos ensinam a lidar com algumas das tendências da economia e da cultura em sua fase informacional. Algumas dessas tendências – articuladas à noção de sociedade da informação – são discutidas a partir dos exemplos do game para múltiplos usuários *Star Wars Galaxies* (*SWG*) e o ambiente virtual *Second Life* (*SL*), que tem por maior sedução a possibilidade de simulação de uma vida virtual e a interação com outros avatares. Compreender a experiência propiciada por esses jogos e ambientes e suas imbricações com aspectos da vida cotidiana é, pois, o foco central da discussão.

O debate sobre o uso das tecnologias digitais para superação da crise do mercado editorial de histórias em quadrinhos é o tema central do capítulo 5, escrito por Roberto Elísio dos Santos, que também atenta para as mudanças ocorridas na linguagem e na fruição desse produto cultural quando da passagem da mídia impressa para a digital. Do ponto de vista teórico, destacam-se duas posições antagônicas a esse respeito: de um lado, a visão otimista do quadrinhista e teórico norte-americano Scott McLoud, que vê na internet o caminho natural para o desenvolvimento dos quadrinhos e uma forma de democratização dessa arte/narrativa sequencial fora do domínio comercial das editoras; de outra parte, a postura crítica do pesquisador inglês Roger Sabin, que constata as diferenças (de linguagem) entre o suporte digital e o impresso e destaca os problemas inerentes ao primeiro (quanto à conservação e memória e em relação à remuneração dos artistas). Mas as histórias em quadrinhos e as mídias digitais (seja no ciberespaço, seja em CD-ROM) já começaram a se integrar, dando origem a um novo produto quadrinhográfico, híbrido, chamado de *webcomics* ou de HQtrônicas, cujas características, limitações e possibilidades precisam ser estudadas e compreendidas.

A tecnologia digital na área da radiodifusão é a preocupação do capítulo 6, feito por André Barbosa Filho. Esse trabalho, abrigado no campo dos estudos de política de comunicação, visa estabelecer padrões de entendimento sobre as políticas de comunicação pública no Brasil, especialmente com relação ao rádio comunitário. Abordando questões como regulação e estratégias de sustentabilidade das programações de emissoras públicas e comunitárias, procura avaliar as questões da mudança de paradigma tecnológico com a implementação do rádio digital. Trata, ainda, dos debates em torno de interesses políticos e empresariais em jogo nos processos de implementação da tecnologia digital.

Eduardo Vicente, autor do capítulo 7, busca discutir o atual cenário da produção fonográfica a partir da perspectiva do artista independente. Tradicionalmente, o mercado tende a ser dividido entre *majors* (gravadoras transnacionais pertencentes a conglomerados de atuação múltipla) e *indies* (gravadoras de pequeno porte vinculadas, frequentemente, a segmentos específicos do mercado fonográfico). O fato de artistas individuais alcançarem vendas expressivas ou mesmo cuidarem de todos os aspectos relativos à produção de seus trabalhos é um fenômeno relativamente novo que questiona a estrutura antes proposta. A ideia do texto é, justamente, a de abordar as possibilidades de atuação disponíveis para esses artistas no que se refere tanto às tecnologias digitais de produção quanto aos meios de divulgação on-line. Ao mesmo tempo, busca compreender quais são as estratégias de atuação que norteiam, nesse novo cenário, as grandes e pequenas empresas do setor, permitindo-lhes manter – pelo menos até o presente – seu grande predomínio sobre o mercado. Trata-se não de um cenário idílico, evidentemente, mas sim de um espaço de conflitos onde o autor/produtor deve desenvolver as astúcias necessárias para transitar por um terreno que dele exige bem mais do que habilidades puramente artísticas.

O objetivo do capítulo 8, escrito por Herom Vargas, é mapear os limites entre redundância, de um lado, e experimentalismo e criatividade, de outro, dentro da música popular brasileira de massa, a partir da análise de três casos em três momentos diferentes: Titãs (década de 1980), Chico Science & Nação Zumbi (década de 1990) e Fernanda Porto (anos 2000). Parte do conceito de canção de sucesso dentro do mercado da música popular: aquela que consegue se estabelecer nos espaços de consagração do mercado e se estruturar no formato de mercadoria. Tal noção está fundamentada nas reflexões de Theodor Adorno e se desdobra em alguns autores que seguem ou refutam suas premissas. Aqui, a abordagem privilegia um ponto de vista oposto ao desse autor. Os exemplos citados serão discutidos a partir das qualidades que trazem na linguagem da canção, dos experimentalismos que demonstram (relação entre tradição e modernidade, inovações poéticas, metalinguagens etc.), das relações criativas no uso das tecnologias aplicadas à música (uso do *sampler* e de outros aparelhos eletrônicos, para composição, e da internet, para divulgação, por exemplo) e das ações dentro das instâncias de consagração do mercado de bens simbólicos (sucesso midiático, boas vendagens de discos, presença em programas de TV e rádio, repercussão na imprensa, apresentações em grandes *shows* etc.).

Criatividade também é a tônica do capítulo 9, no qual Yvana Fechine analisa o Núcleo Guel Arraes, na TV Globo. Mais que uma equipe de produção, contratada pela maior emissora comercial do Brasil, esse Núcleo pode ser considerado uma experiência singular na TV brasileira pelo próprio modo como, a partir da articulação de diretores e atores, redatores e roteiristas em torno desse realizador pernambucano, constituiu-se em um autêntico *grupo* de criação com atuação articulada há mais de vinte anos. Formado a partir da cena cultural mais alternativa dos anos 1970/1980, esse grupo foi responsável pela incorporação, na produção comercial da TV, de propostas ético-estéticas oriundas dos movimentos de teatro e vídeo independentes, do cinema marginal e dos jornais "nanicos". Sua experiência serve hoje como referência não apenas da possível inovação estética na TV comercial, mas também de uma estratégia bem-sucedida e longeva de intervenção criativa e coletiva na cultura midiática.

Os organizadores

CAPÍTULO 1

Inovações na linguagem e na cultura midiática

João Batista Freitas Cardoso
Roberto Elísio dos Santos
Herom Vargas

Desde que o ser humano passou a se valer da fala, até a utilização de equipamentos móveis com acesso à rede mundial de computadores, passando pelo desenvolvimento das técnicas de impressão e pela invenção das mídias audiovisuais, toda forma de comunicação tem imposto alterações nas relações sociais, no comportamento dos indivíduos, na participação dos sujeitos-comunicadores nos processos comunicacionais, na formatação das mensagens veiculadas e na elaboração de linguagens e códigos necessários para o estabelecimento de um ato comunicativo. A inovação, consequência e ao mesmo tempo causa direta do aprimoramento do processo de comunicação, acentua-se com o surgimento de novas tecnologias, cujo ritmo acelerou-se nas três últimas décadas.

Do ponto de vista comunicacional, o século XXI, além do desenvolvimento da tecnologia, também é marcado pela confluência de fenômenos díspares que se acabam inter-relacionando. De naturezas distintas, esses diferentes processos têm sua gênese nos âmbitos tecnológico, econômico, político, cultural e social. Com uma dinâmica dialética, eles reafirmam-se e negam-se, contrapõem-se e complementam-se continuamente. Dentre esses processos, destacam-se a *globalização da comunicação*, a *segmentação da produção* e do *consumo de bens simbólicos* e a *hibridização cultural*. Todos implicam inovações de variados tipos, seja na forma, no conteúdo ou nas gramáticas de organização de códigos e linguagens, seja na difusão de informações e produtos e na interação dos receptores com a mídia.

Processo multifacetado e com alicerces ainda no final no século XIX,[1] a globalização da comunicação tem se pautado pelo crescimento e pelo fortalecimento dos grandes conglomerados midiáticos (empresas que controlam simultaneamente a produção de conteúdos simbólicos televisivos, fonográficos, editoriais, cinematográficos, radiofônicos etc.), cujos produtos abastecem o mercado mundial. Na visão de Ianni (1999, p. 122), a mídia "opera em consonância com os centros de poder de alcance mundial" e se encontra "acoplada às organizações e empresas transnacionais". Para esse autor,

> a verdade é que a indústria cultural também adquiriu alcance global. Atravessa fronteiras de todo tipo, geográficas, políticas, culturais, religiosas, linguísticas e outras. Transformou-se em poderoso setor de produção, no sentido de produção de mercadoria, lucro ou mais-valia.

De maneira geral, pode-se dizer que, nessa dimensão, o processo de globalização caracteriza-se pela tendência à padronização dos produtos e à massificação do consumo, agora verificado em escala planetária, e pela propensão a uniformizar os comportamentos, tendo as grandes empresas de mídia como disseminadoras dessa estandardização dos valores e hábitos da população mundial. Como a maioria desses conglomerados midiáticos pertence a países poderosos dos pontos de vista econô-

---

[1] Segundo Thompson (cf. 1995, pp. 152s), três são os elementos que marcam as bases da globalização no século XIX: o desenvolvimento dos sistemas de cabos submarinos, o estabelecimento das agências internacionais de notícias e a formação das organizações internacionais baseadas na transmissão de informações por ondas eletromagnéticas.

mico, político e militar, pode-se considerar a globalização como sinônimo de ocidentalização (ou até de americanização, dada a extensão do cinema hollywoodiano, das séries de TV ou da música pop norte-americana) do mundo.

A imposição maciça de produtos de consumo e de bens simbólicos aponta para uma exacerbação do imperialismo econômico e cultural que vem sendo denunciado pelos teóricos críticos e progressistas há mais de meio século. De acordo com Silverstone (2002, p. 200), a globalização "é o produto de uma ordem econômica e política em transformação, em que a tecnologia e o capital se associaram num novo imperialismo multifacetado". Ainda em sua opinião (2002, p. 202), "as indústrias culturais foram algumas das primeiras a se globalizar: tanto causa como consequência do planeta em encolhimento. Hollywood ainda é o paradigma". Da mesma forma, Hall (2002, p. 79) afirma que,

> na última forma de globalização, são ainda as imagens, os artefatos e as identidades da modernidade ocidental, produzidos pelas indústrias culturais das sociedades "ocidentais" (incluindo o Japão), que dominam as redes globais [...]. Os padrões de troca cultural desigual, familiar desde as primeiras fases da globalização, continuam a existir na modernidade tardia.

Por outro lado, a globalização da comunicação viabiliza a disseminação rápida de informações e o acesso às tecnologias a uma quantidade crescente de pessoas em qualquer parte do planeta. Mais do que isso: verifica-se a apropriação da tecnologia – softwares que possibilitam criação de sites ou blogs, aparelhos de gravação e edição audiovisual, suportes (como o CD-ROM e o player multimídia) e equipamentos, a exemplo da câmera digital e do telefone celular – por indivíduos ou grupos organizados, que se tornam produtores e disseminadores de informação e de cultura.

Assim, paralelamente à globalização da comunicação, a mesma tecnologia permite a emergência de processos comunicacionais no âmbito regional, com a segmentação da produção e do consumo de bens simbólicos e culturais difundidos pela mídia. A produção midiática regional supre as necessidades locais, reforça identidades culturais, dá voz a grupos sociais e étnicos que normalmente não têm acesso aos meios de comunicação.

A segmentação da comunicação obedece a um imperativo contemporâneo, impulsionado tanto pelo acentuado processo de urbanização como pelo surgimento das tecnologias digitais postas a serviço do cidadão comum. Para escapar da massificação, os indivíduos criam novas formas de socialização e novos espaços onde pessoas com o mesmo interesse podem se encontrar, se expressar e interagir. Derivam daí novos códigos, diferentes formas de comportamento e diferenciada produção de elementos simbólicos.

Esse fenômeno é exemplificado pelas chamadas tribos urbanas. Sobre elas, Maffesoli pondera que, na sociedade pós-moderna, há uma mudança de enfoque: o individualismo é substituído pela necessidade de identificação com um determinado grupo, o que pode ser fomentado pela cultura disseminada pelos meios de comunicação de massa (moda, seriados de televisão, música, sites etc.). Para o sociólogo francês (2000, pp. 8-9), o fenômeno das tribos insere-se no contexto marcado pelo "vaivém constante que se estabelece entre a massificação crescente e o desenvolvimento dos microgrupos", evidenciando novas formas de sociabilidade:

> As massas, ou o povo, diferentemente do proletariado ou de outras classes, não se apoiam numa lógica de identidade. Sem um fim preciso, elas não são os sujeitos de uma história em marcha. A metáfora da tribo, por sua vez, permite dar conta do processo de desindividualização, da saturação da *função* que lhe é inerente, e da valorização do papel que cada pessoa (*persona*) é chamada a representar dentro dela. Claro está que, como as massas em permanente agitação, as tribos, que nelas se cristalizam, tampouco são estáveis. As pessoas que compõem essas tribos podem evoluir de uma para a outra.

A dinâmica das novas formas de socialização apontada por Maffesoli, além de segmentar o consumo de bens culturais simbólicos e de possibilitar a identificação dos que compartilham os mesmos gostos e interesses, ainda permite a interação de diferentes culturas e o surgimento de novas manifestações culturais (que podem ou não seguir a lógica do lucro característica da sociedade capitalista).

Outro aspecto característico da atualidade é a hibridização cultural, a partir da qual se observa a mistura ou convivência de diferentes tipos de cultura. Se, por um lado, a cultura global (resultado do processo de globalização que difunde para grande parte do planeta os produtos da cultura industrial) ganha uma amplitude jamais vista e maior assimilação, por outro, há várias reações a essa imposição e também a incorporação parcial – ou recriação – dessa cultura a outras formas culturais (regionais, tradicionais, alternativas etc.). Como não é mais possível entender a globalização apenas como um processo de mão única, ou com respostas imediatas e razoavelmente esperadas, é fundamental pensar nas possibilidades de interação que os processos globalizantes colocam em funcionamento em diferentes territórios culturais. O leque de resultados é variado e depende das capacidades que cada cultura possui para manusear, reutilizar, adaptar ou recriar os padrões globalizados.

Peter Burke (2003, pp. 102-103) identifica "quatro possibilidades, ou cenários, para o futuro das culturas": a resistência ou "contraglobalização", a "diglossia cultural" (a combinação da cultura global com as culturas locais, possibilitando que as pessoas se tornem biculturais, participando da cultura mundial mas, ao mesmo tempo, mantendo a cultura local), a homogeneização ou fusão de diferentes culturas (a hegemonia da cultura globalizada) e, por último, o surgimento de novas sínteses. Todas elas implicam diferenças não apenas quanto à produção cultural, mas também no que tange à recepção, à ressignificação dos conteúdos por parte das diferentes parcelas de público.

Existem algumas distinções importantes em torno do debate sobre os hibridismos culturais. Por um lado, há a tendência em relacionar essas misturas que presenciamos atualmente como se fossem sugestionadas, única ou marcadamente, pelas tecnologias digitais contemporâneas, como se estas se tornassem alavancas do processo ou, no mínimo, dessem as condições básicas para quaisquer tipos de fusões. De um ponto de vista geral, tal postura não está de todo errada, pois o processo de digitalização deu margem à convergência das mídias e, a partir daí, ao sincretismo de linguagens. No entanto, há um substrato cultural que não pode ser desmerecido e que muitos estudos não levam em consideração. Para se concretizarem em toda a plenitude, os hibridismos provocados pelas tecnologias precisam de determinadas disposições, materiais ou simbólicas, que são dadas eminentemente pela cultura. É a configuração cultural de uma sociedade, como solo que dá sentido a todas as práticas sociais, concretas ou abstratas, instrumentais ou etéreas, que cobre de nexos as criações humanas. Se tais configurações não ocorrem em todos os lugares, em todas as sociedades, de forma equânime, não é possível pensarmos que as sociedades – ou até pequenos grupos específicos dentro de uma sociedade – respondem de forma padronizada.

Há casos de sociedades que, há bastante tempo, trabalham com códigos culturais (comportamento, ideologia, formas religiosas, estéticas etc.) fundados no hibridismo e no sincretismo. Trata-se de culturas e suas respectivas produções caracterizadas como mestiças em muitos sentidos. São os casos das várias culturas da América Latina, continente que, por cerca de cinco séculos, tem se caracterizado pelas mesclas constantes, por resultados inusitados e criativos feitos a partir de ingredientes estranhos entre si. Para fins de exemplo comparativo, se em países como o Japão há um convívio de modernidades e tradicionalismos, a América Latina é o território que mais tem gerado sínteses que não podem ser resumidas a um ou outro elemento colocado em contato. Em outras palavras, essa convivência foi substituída por séries de misturas e sincretismos porque o regime que vigora é o da síntese mestiça em que o antigo e o moderno se misturam para produzir novas formas que não são nem um nem outro, mas resultados híbridos.[2]

Não se trata de levantar a bandeira de certo "latino-americanocentrismo" (cf. PRYSTHON, 2002, p. 82), pois isso não significa superioridade ou inferioridade, mas apenas uma constatação que caracteriza determinadas dinâmicas sociais e culturais.

A tecnologia contemporânea pode ser pensada como mais um elemento colocado nessa equação. E não é à toa que as sociedades latino-americanas são definidas, de certa forma, como intrinsecamente pós-modernas: está em seus respectivos cernes culturais e históricos a postura da síntese e da hibridização.

Assim, os embates culturais globais, tanto quanto o surgimento de novas práticas e interações sociais, as possibilidades abertas para a criação, o consumo e o estabelecimento de hábitos e de comportamentos diferentes derivam, portanto, dos complexos processos culturais e de comunicação ora em curso.

Seja pelas consequências do desenvolvimento tecnológico, seja por causa da força política ou econômica, seja pelas configurações culturais das sociedades, ou ainda pelo *status* conferido à informação e ao espetáculo na sociedade contemporânea, a cultura midiática encontra-se no centro das transformações sociais, causando mudanças nas organizações e na vida cotidiana dos indivíduos, sendo ela própria afetada e sofrendo mutações em âmbitos distintos: da veiculação de informações, dos suportes materiais, de sua interação com o receptor, da sustentabilidade econômica, da linguagem e da construção do imaginário, entre outros.

---

[2] Sobre tais particularidades culturais latino-americanas, ver os trabalhos de Serge Gruzinski (2001), Néstor García Canclini (2000) e Massimo Canevacci (1996).

Máquinas, técnicas e tecnologias

Uma característica importante do cenário em que se estabelecem as culturas midiáticas tem a ver com a crescente presença das máquinas e das tecnologias em nosso cotidiano e, consequentemente, as sucessivas relações que o homem construiu com elas. Diferente de outros períodos da história ocidental, a partir da Revolução Industrial a humanidade tem desenvolvido e colocado à disposição de amplos setores da sociedade uma série variada de máquinas, aparelhos e equipamentos que funcionam, em boa medida, como substitutos das atividades humanas ou como extensões de suas faculdades sensórias e cognitivas. Essa presença, historicamente cada vez maior, tem forjado uma sociedade cujas técnicas não se separam dos equipamentos criados para a melhoria de determinados aspectos da vida social e, consequentemente, não se separam da dinâmica da vida.

A noção de técnica – que envolve um "saber fazer" ou os diversos modos de realizar determinadas tarefas – ampliou-se consideravelmente. Vinculou-se à ciência, à reflexão humana sobre a natureza e o próprio ser humano e aos experimentos laboratoriais. Se a ciência é um "saber" e a técnica é um "modo de fazer", no século XX ambas passaram a ser pensadas juntas como um "saber sobre como fazer", um pensamento a respeito das formas de realização de determinadas atividades, e, pela crescente complexidade dos processos, transformaram-se em verdadeiras teorias em forma de máquinas e processos. Numa palavra: as tecnologias.[3]

As reflexões sobre as técnicas pautadas pelos desenvolvimentos científicos abertos pela Revolução Industrial têm sido, mais recentemente, uma tendência importante nas análises sobre as sociedades e o próprio ser humano. Em parte, isso tem a ver com

---

[3] Citando Harvey Brooks e Daniel Bell, Castells entende a tecnologia como "o uso de conhecimentos científicos para especificar as vias de fazer as coisas de uma maneira *reproduzível*" (CASTELLS, 1999, p. 49).

a crescente importância que elas vêm adquirindo na conformação da vida, situação que não ocorria antes na mesma intensidade. Conforme Lévy (1997, p. 7),

> a filosofia política e a reflexão sobre o conhecimento cristalizaram-se em épocas nas quais as tecnologias de transformação e de comunicação estavam estáveis ou pareciam evoluir em uma direção previsível. Na escala da vida humana, os agenciamentos sociotécnicos constituíam um fundo sobre o qual se sucediam os acontecimentos políticos, militares e científicos.

Pesquisas realizadas desde o começo da segunda metade do século XX apontam para a importância de serem entendidas as relações entre homem e técnica, entre ciência e técnica, entre homem, tecnologia e cultura.

Lucia Santaella (cf. 1996, pp. 196s) põe em relevo as alterações que tais relações entre máquinas e humanidade geraram, tanto com as "máquinas musculares" (aquelas que ocuparam as funções mecânicas e repetitivas do ser humano, ao imitá-lo para expandirem suas capacidades de movimento, locomoção e aceleração ao realizar tarefas: motores, locomotivas, prensas etc.), como com as "máquinas sensórias" (mais ligadas à cultura e ao imaginário, como extensões dos sentidos humanos da visão e da audição – câmera fotográfica, cinematógrafo, disco e rádio –, fundadas na pesquisa científica do funcionamento dos sentidos e capazes de simular esses órgãos e a própria percepção humana da realidade) e as "máquinas cerebrais" (centradas no computador, as quais, ao tentarem reproduzir as formas do pensamento humano, sobretudo o processamento de dados e os agenciamentos da memória, se aproximam do cérebro humano ao construir sistemas inteligentes e complexos de gerenciamento de informações).

Tais máquinas e aparelhos, ao criarem raízes na vivência social diária, acabaram por condicionar comportamentos, novas necessidades, expectativas e desejos. Tornaram-se aquela famosa lente cultural pela qual o ser humano enxerga e compreende o mundo. Conforme nos indica Postdam: "Nós não vemos [...] a realidade [...] como 'ela' é, mas como são nossas linguagens. E nossas linguagens são nossas mídias. Nossas mídias são nossas metáforas. Nossas metáforas criam o conteúdo de nossa cultura" (1985, apud CASTELLS, 1999, p. 354).

O homem ocidental, pelas relações travadas com essas entidades maquínicas criadas por ele próprio, construiu-se sob novas bases. A tal ponto que as tecnologias, configuradas como são atualmente, se parecem não mais com ferramentas, instrumentos de mera função utilitária, mas sim com processos complexos a serem desenvolvidos. A cultura midiática, produção simbólica vinculada a tais aparelhos e a tais circunstâncias histórico-culturais, ergueu-se sob as condições sugeridas e potencializadas por esse convívio.

Aspectos da cultura midiática

A produção cultural da sociedade de massa (organização social resultante da Revolução Industrial que se iniciou no século XVIII) sempre se desenvolveu a partir das inovações tecnológicas, principalmente as verificadas nos meios de comunicação. Do jornal impresso à transmissão digital de sons e imagens, passando pelo cinema, pelo rádio e pela televisão, os meios massivos têm incorporado os avanços da técnica em seu proveito, tanto para aperfeiçoar sua forma como para modificar seu conteúdo e intensificar sua transmissão.

Como sua gênese está vinculada às formas capitalistas de produção, os bens culturais veiculados pelos meios de comunicação de massa conseguem ser, ao mesmo tempo, em graus diversos, comerciais e artísticos, de consumo massivo e segmentado, superficiais e sofisticados, específicos e universais, populares e cultuados por determinados públicos. Sua influência determina comportamentos, intensifica o consumo de diversas mercadorias e deixa suas marcas no tempo histórico da sociedade e na vida pessoal dos indivíduos.

Há anos, Edgar Morin (1984, pp. 15-16) vem observando as tensões e contradições da chamada cultura de massa, uma cultura constituída "por um corpo de símbolos, mitos e imagens concernentes à vida prática e à vida imaginária, um sistema de projeções e identificações específicas". Para o teórico francês, ela "se acrescenta à cultura nacional, à cultura humanista, à cultura religiosa; e entra em concorrência com estas culturas". Ainda em sua visão:

> A cultura de massa integra e se entrega ao mesmo tempo numa realidade policultural: faz-se conter, controlar, censurar (pelo Estado, pela Igreja) e, simultaneamente, tende a corroer, a desagregar as outras culturas [...]. Ela é cosmopolita por vocação e planetária por extensão. Ela nos coloca os problemas da primeira cultura universal da história da humanidade.

O estudo da cultura de massa desvela um terceiro sentido para a noção de cultura. De acordo com Morin (1972, pp. 19-20), aos sentidos etnológico ou sociológico – "a cultura é o que se interpõe entre a natureza e o indivíduo" – e ao sentido clássico de humanidades (identificadas com a arte, especificamente a arte erudita), adiciona-se a cultura veiculada pelos meios massivos de comunicação e compartilhada por um público amplo e heterogêneo. Para o autor, "as novas correntes no estudo das comunicações de massa, por mais diversas que sejam, tentam, cada uma a seu modo, reunificar o campo que engloba a cultura e a comunicação". E enfatiza:

> Com efeito, os meios de comunicação de massa são veículos, acumuladores e aceleradores culturais. A partir do momento em que constitui um sistema cultural fundado sobre os meios de comunicação de massa, assiste-se a uma tendência natural no sentido do desenvolvimento da circulação de informações, ou seja, da constituição de uma cultura em extensão.

Partindo do referencial teórico proveniente da semiótica, Lucia Santaella (1996, p. 12) também salienta uma relação íntima entre cultura e comunicação:

> Aquilo que pode melhor caracterizar as concepções semióticas da cultura é a ênfase que se coloca na relação entre cultura e comunicação, até o ponto de se chegar, inclusive, a identificar a função de ambos os termos, uma vez que os fenômenos culturais só funcionam culturalmente porque são também fenômenos comunicativos.

Para Santaella, o desenvolvimento e a multiplicação das mídias levam a uma "interação ininterrupta das mais diversas formas de cultura (eruditas, tradicionais, populares e de massa)". Por esse motivo, a teórica brasileira estuda aquilo que denomina cultura das mídias, que tem entre suas características primordiais a "ênfase que se coloca na informação como elemento substancial de todo processo comunicativo" (1996, p. 14). E esse aumento da carga de informações nos processos de comunicação advém do fato de as mídias introduzirem "a mistura de códigos e de processos sígnicos numa mesma mensagem, isto é, a simultaneidade semiótica das mensagens" (1996, p. 16). A transmissão feita para uma grande quantidade de receptores também implica o aumento da imponderabilidade da informação transmitida. Contudo, para a autora, a cultura das mídias (ou cultura midiática) "não se confunde nem com a cultura de massas, de um lado, nem com a cultura digital e cibercultura, de outro. É, isso sim, uma cultura intermediária, situada entre ambas" (2003, pp. 11-13).

A cultura midiática tem a ver com transformações que ocorreram nas mídias e nas formas de uso que elas engendraram a partir da década de 1970. Nesse período, de forma processual, lenta e de alcance desigual, vários equipamentos e sistemas surgiram, pervertendo a lógica unidirecional da cultura de massas, tais como máquinas fotocopiadoras, fax, videocassete, videogames, TV a cabo e o controle remoto, segmentação de publicações e programas (cf. SANTAELLA, 2003, pp. 80-81). Essas novidades deram corpo, a partir de seus usos cada vez mais constantes, a expressões de particularismos, a manifestações individuais ou de pequenos grupos que não se reconheciam dentro do conceito de massa, a formas individuais de lazer e criação, todas elas quase inexistentes sob o manto englobador da cultura de massa.

Outro nível da cultura contemporânea,[4] conhecido por seu caráter interativo mediado pelo largo uso do computador e pela estrutura rizomática da rede mundial – internet –, é a cibercultura. Pensada dentro do espaço virtual, a cibercultura pode ser definida, segundo André Lemos (2003, p. 12), "como a forma sociocultural que emerge da relação simbiótica entre a sociedade, a cultura e as novas tecnologias de base microeletrônica que surgiram com a convergência das telecomunicações com a informática na década de 70". Em outras palavras, a cibercultura é o conjunto das produções simbólicas, construído pelas linguagens digitais, elaborado dentro do espaço virtual do computador e de suas várias interfaces, cenário que se define atualmente como ciberespaço.

Esse novo "espaço", por sua vez, pode ser definido por

> uma realidade multidimensional, artificial ou virtual incorporada a uma rede global, sustentada por computadores, a qual se acessa por meio deles e gerada também por eles. Nessa realidade, da qual cada computador é uma janela, os objetos vistos ou escutados não são nem físicos nem, necessariamente, representações de objetos físicos, mas que estão mais bem conformados, em forma, caráter e ação, por dados, por informação pura (BENEDIKT, 1991, p. 116).

O ciberespaço e sua manipulação social transformaram boa parte da sociedade nos últimos anos, entre processos

---

[4] A expressão "cultura contemporânea" ressalta o fato intrínseco de essas formas culturais não serem produto de uma sucessão linear e consecutiva, mas sim conviverem, em suas amplitudes relativas, no cenário atual.

econômico-financeiros, dinâmicas organizacionais, relações sociais, formas de entretenimento, sistemas de educação, produção científica e, inclusive, as estruturas de funcionamento dos meios de comunicação. No bojo desses processos, também não ficou de fora a dinâmica cultural proveniente da cultura de massa e da cultura midiática. Produções estéticas, narrativas e suas interfaces com a comunicação foram diretamente alteradas ao produzirem formas virtuais, interativas e acessadas pela "janela" do computador conectado à internet.

Outro conceito criado a partir de relações da sociedade com os meios de comunicação, mais vinculado à década de 1960, porém até hoje pleno de sentido, é o de cultura pop. Pelo viés da nova esquerda norte-americana (*New Left*), o sociólogo Todd Gitlin (1993, p. 52) dimensiona o papel da chamada cultura pop no contexto da globalização:

> A cultura pop é a mais estreita aproximação existente hoje para uma língua franca global, situando especialmente as classes urbanas e sofisticadas de muitas nações numa zona cultural federada [...]. O surgimento de uma semicultura global coexiste com culturas e sensibilidades locais mais que as substitui.

A cultura pop, como postula Gitlin, torna-se uma segunda cultura, ao lado dos hábitos culturais regionais. Seus produtos não eliminam nem concorrem com a cultura local, mas são consumidos concomitantemente. O teórico norte-americano admite, ainda, que o sucesso da cultura pop (especialmente a produzida nos Estados Unidos) no resto do mundo deve-se – além da economia de escala norte-americana, que possibilita a venda de produtos culturais a preços menores que o dos concorrentes – a *um motivo arrasador: ela entretém*. A valorização do entretenimento, do espetáculo, é uma das particularidades dos produtos culturais veiculados pelos meios de comunicação de massa que se tem evidenciado.

Cultura de massas, cultura das mídias/cultura midiática (termo adotado neste trabalho), cibercultura e cultura pop são nomenclaturas dadas para as múltiplas formas adotadas pela produção cultural vinculada, em vários níveis ao longo do século XX, aos meios técnicos de comunicação. Trata-se de fenômenos sociais, históricos, tecnológicos e culturais sobre os quais demandam constantemente novas reflexões, sejam elas pertinentes ao conteúdo dos produtos culturais e à linguagem empregada, sejam relacionadas à recepção ou às implicações econômicas, sociais e políticas dos processos comunicativos. Mesmo havendo diferenças entre essas configurações culturais, não há como negar as relações que exercem entre si e com a sociedade contemporânea, não apenas como determinantes, mas como instrumentos e processos gerados dentro das necessidades criadas pelas próprias sociedades.

Grande parte da cultura midiática – ou seja, produtos criados no âmbito das mídias, acessados e consumidos de acordo com vários interesses, desde empresariais e mercadológicos até alternativos e comunitários – caracteriza-se por uma dupla tendência evidenciada desde os primórdios da cultura de massa, com polos aparentemente opostos e excludentes: de um lado, pela capacidade de dar voz e espaço a vários públicos segmentados, pela possibilidade de novas sínteses criativas e pela ampliação de contatos fora do alcance regional da comunicação; de outro, pela criação de modismos, pelo incentivo ao consumo, pela utilização de fórmulas consagradas pelo público e, principalmente, pelo poder de transformar o mundo e a vida em um espetáculo contínuo.

A "espetacularização" dos conteúdos midiáticos penetrou até os noticiários jornalísticos, igualando as tragédias, a violência urbana, os esportes e a política ao culto das celebridades, aos *shows* musicais e ao entretenimento ficcional.

O filósofo francês Guy Debord foi um dos pensadores mais importantes que se dedicou ao estudo do espetáculo na sociedade contemporânea, "no momento em que a mercadoria ocupou totalmente a vida social" (1997, p. 30). Ele afirma que o espetáculo, considerado em sua totalidade,

> é ao mesmo tempo o resultado e o projeto do modo de produção existente. Não é um suplemento do mundo real, uma decoração que lhe é acrescentada. É o âmago do irrealismo da sociedade real. Sob todas as suas formas particulares – informação ou propaganda, publicidade ou consumo direto de divertimentos –, o espetáculo constitui o *modelo* atual da vida dominante na sociedade. É a afirmação onipresente da escolha já *feita* na produção, e o consumo que decorre dessa escolha (1997, p. 14).

No tocante à recepção, cada pessoa que integra o público consumidor de um determinado produto da cultura midiática o percebe de maneira diferente. Um bem cultural terá alguma significação – ou talvez não tenha nenhuma – para o receptor, dependendo da forma como foi percebido, incorporado ao imaginário (que é, simultaneamente, um *construto* pessoal, social e histórico) e retrabalhado (ou, como diriam os teóricos dos estudos culturais britânicos, ressignificado, tendo ganho um novo sentido). A cultura midiática passa a fazer parte do imaginário de seu público, liga-se à história de vida de cada indivíduo ou de um grupo social, em um determinado tempo histórico.

Assim, as formas de fruição dos produtos da cultura midiática diferenciam-se a partir da postura do público (que pode rejeitar, aceitar, idolatrar ou questionar e, até mesmo, reformular as mensagens disseminadas pelos meios técnicos de comunicação), independentemente da intenção de seus produtores. Nesse sentido, os meios de comunicação, na atualidade, são não apenas veículos de difusão mas também a

> expressão de uma instância pública que indaga, e também reconhece, os espaços de construção de valores, ainda que sejam valores grupais. Tais espaços são ao mesmo tempo de negociação e de debates, já que

os valores, longe de serem expressão de sentido dado apenas pelo produtor ou pelo receptor, são os que exprimem o processo mesmo no qual eles ocorrem (SOUSA, 1995, pp. 35-36).

A cultura midiática, a despeito do caráter mercantil e do uso político-ideológico, é flexível o suficiente para permitir essa mediação, esse debate entre as partes envolvidas no processo de comunicação. Dessa forma, um produto da cultura midiática pode trazer embutido em seu conteúdo mensagens que estimulem algum tipo de comportamento, que reforcem preconceitos ou que justifiquem um ideário político, mas o receptor tem o poder de aceitá-las, discordar delas ou simplesmente não decodificá-las. O público tem a possibilidade, inclusive, de impedir mudanças ou de ser o gerador de transformações.

A linguagem midiática: padrões e rupturas

Em cada época, as linguagens são determinadas, em grande parte, pelos recursos técnicos disponíveis (sistemas mecânicos, eletrônicos e/ou digitais), que permitem a produção e distribuição de produtos culturais. No entanto, as últimas décadas marcam a história da comunicação humana com mudanças nunca vistas em tão curto espaço de tempo. O ritmo acelerado com que as inovações tecnológicas transformam as mídias encurta o tempo de ocorrência de mudanças nos processos de produção, difusão e recepção dos produtos midiáticos e, consequentemente, afeta diretamente as linguagens midiáticas – que surgem, crescem, evoluem, misturam-se e transformam-se. Se todas as linguagens são influenciadas pelos meios de seu tempo, as linguagens midiáticas são a expressão mais atual da linguagem contemporânea. Nos dias de hoje, é difícil imaginar que um indivíduo ou uma comunidade não seja afetado diretamente por algum meio – que se presta, na maioria das vezes, à produção de linguagens em escala industrial.

A linguagem, na concepção de Roman Jakobson, é a "atividade semiótica que seleciona e combina elementos" (MACHADO, 2003, p. 162). Nesse sentido, é o sistema de geração, organização e interpretação das mensagens. Nas teorias semióticas, seu campo de estudo não se limita à linguística, estende-se também aos sistemas que se organizam a partir de signos de outras naturezas (como os visuais ou sonoros). Para Algirdas Julien Greimas, a linguagem não deve ser um objeto definível em si, mas, ao contrário disso, deve ser observada "em função dos métodos e procedimentos que permitem sua análise e/ou sua construção" (1985, p. 259). Desse modo, compreender as linguagens da cultura midiática é compreender as linguagens dos processos e produtos midiáticos como sistemas de signos. Com isso, as linguagens de uma determinada cultura são parte do contexto social e histórico dessa cultura. "Têm assim papel fundamental na reprodução, manutenção ou transformação das representações que as pessoas fazem e das relações e identidades com que se definem em uma sociedade" (PINTO, 2002, p. 28). Dessa forma, os processos de globalização da comunicação, segmentação da produção e do consumo de bens simbólicos e hibridização cultural – que surgem nos limites tecnológicos, econômicos, políticos e culturais das sociedades contemporâneas – estão diretamente associados às linguagens da cultura midiática, já que esses processos implicam vários tipos de inovações nas linguagens de diferentes produções culturais (matérias jornalísticas, material publicitário, produção televisiva, história em quadrinhos, literatura, música etc.).

Com o crescimento das mídias e das linguagens geradas por elas, surgiu na década de 1960 um campo da semiótica que passou a ser chamado de *semiótica das mídias*. Nesse campo, a preocupação não recai sobre as mídias propriamente, mas sobre seu funcionamento como *máquinas semióticas*. Roland Barthes e Umberto Eco são os nomes de maior destaque nos estudos dos sentidos nos produtos midiáticos.

Eco (1976, p. 157), ao analisar a mensagem publicitária, constatou que a técnica publicitária é "baseada no pressuposto informacional de que um anúncio mais atrairá a atenção do espectador quanto mais violar as normas comunicacionais adquiridas (e subverter, destarte, um sistema de expectativas retóricas)". O teórico italiano também reconhece que existe "um tipo de excelente comunicação publicitária que se baseia na proposta de arquétipos de gosto que preenche as mais previsíveis expectativas". Essa tensão entre as soluções originais e a estreita observância das regras que organizam as mensagens veiculadas pelos meios técnicos de comunicação não se restringe à publicidade, mas estende-se a toda a cultura midiática. Iúri Lótman (1999) irá chamar esses estados de *processo gradual* e *processo de explosão*. O primeiro estado assegura a continuidade, a organização, o outro, a inovação:

> Os textos transmitidos pela tradição cultural ou provenientes de fora sempre convivem lado a lado com os novos textos. Isso confere a cada estado sincrônico da cultura as características do poliglotismo cultural (IVÁNOV et al, in: MACHADO, 2003, p. 133).

A *memória não hereditária* é, para Lótman (cf. 1971, pp. 40-42), o mecanismo da cultura responsável pela conservação e acúmulo de informações, que tem como principais objetivos processar e transmitir mensagens. "A presença da memória implica a presença da coletividade nacional na forma de um organismo unitário, como também de todo programa regulador de comportamentos com vista a ações futuras" (MACHADO, 2003, p. 38). É, do mesmo modo, o mecanismo semiótico que faz com que as diferentes formas de linguagens criadas e produzidas pelos homens estejam continuamente em processo de mutação. Fixando as experiências passadas, ela "pode aparecer como um programa e como uma instrução para a criação de novos textos" (IVÁNOV et al, in: MACHADO, 2003, p. 119), novas linguagens.

A assimilação de novas linguagens, por sua vez, leva à transformação de certas estruturas da cultura. No entender de Lótman (apud MACHADO, 2003, p. 39), "o 'trabalho' fundamental da cultura [...] consiste em organizar estruturalmente o mundo que rodeia o homem". Assim, a "estruturalidade define o traço da cultura enquanto texto não pelo fato de este ser dotado de uma estrutura codificada, mas porque no centro do sistema se aloca um 'manancial tão vigoroso de estruturalidade' que é a linguagem" (MACHADO, 2003, p. 39). Nesse sentido, as mensagens não podem ser reconhecidas, armazenadas ou divulgadas, sem que se mantenham determinados traços estruturais da cultura. Por outro lado, as linguagens não se transformam sem que haja alguma transformação em certas estruturas da cultura. Ou seja, as linguagens existentes e as novas interferem-se mutuamente e dependem uma da outra. Os mecanismos da cultura, em um processo dinâmico, cuidarão de transformar a nova linguagem em linguagem interna da cultura, assimilando, posteriormente, outra nova linguagem, e assim por diante. Segundo Viatcheslav Ivánov, "a cultura, portanto, é construída, por um lado, como uma hierarquia de sistemas semióticos e, por outro, como um arranjo de muitas camadas da esfera extracultural que a rodeia" (in: MACHADO, 2003, pp. 104-105).

Combinar linguagens mantidas pela tradição cultural com novas linguagens – sejam elas vindas de culturas externas ou originadas na mistura de linguagens consolidadas – implica, diretamente, a capacidade de armazenamento das culturas existentes e a disponibilidade de mecanismos capazes de recodificar as novas mensagens. O processo de codificação de dados analógicos de diferentes naturezas (escrita, fala, fotos, ilustrações, músicas, ruídos etc.) em grandezas expressas no sistema binário irá estimular ainda mais o *poliglotismo cultural* (cf. LÓTMAN, 1998, pp. 83-90).

O caráter híbrido das linguagens midiáticas na contemporaneidade, diferente de outros tipos de hibridizações de linguagens, particulariza-se na digitalização, que unifica linguagens de diferentes naturezas – que antes necessitavam, para sua manutenção e transmissão, de suportes e canais específicos – em códigos binários. Essa inovação no processo de armazenamento dos dados possibilitou também o aumento do acúmulo de informação e da circulação de mensagens. Para Santaella (2001, p. 389), "a revolução tecnológica que estamos atravessando é psíquica, cultural e socialmente mais profunda [...] do que foi a explosão da cultura de massas".

Os meios de comunicação, um dos responsáveis historicamente pela acumulação de informação e pela aceleração das mutações culturais, passam a multiplicar o número de linguagens a partir do surgimento dos códigos digitais, trabalhando sempre na equação dinâmica entre as conservações de padrões já consolidados e as rupturas com o *status quo*.

Um dos maiores exemplos de inovação no campo das linguagens midiáticas é a *hipermídia*. A hipermídia, que se desenvolve na mesma velocidade das mídias digitais, é um novo tipo de linguagem que altera o processo de percepção do receptor a partir do momento que possibilita ao usuário reagir à mensagem participando ativamente no processo de significação. Com isso, essa nova linguagem depende

> da criação de hipersintaxes que sejam capazes de refuncionalizar linguagens que antes só muito canhestramente podiam estar juntas, combinando-as e retecendo-as em uma mesma malha multidimensional [...]. Nela estão germinando formas de pensamento heterogêneas, mas, ao mesmo tempo, semioticamente convergentes e não-lineares, cujas implicações mentais e existenciais, tanto para o indivíduo como para a sociedade, estamos apenas começando a apalpar (SANTAELLA, 2001, p. 392).

Assim como outros tipos de linguagens híbridas, a hipermídia exige novos modos de pensar, tanto no processo de codificação como nos processos de decodificação e recodificação. Esses processos passam, obrigatoriamente, pela ruptura dos padrões convencionais e atingem diretamente os sistemas de produção e consumo. Muitos dos recursos e equipamentos disponíveis às empresas de comunicação estão também na casa do cidadão. O experimentalismo na produção e difusão de produtos artísticos e comunicacionais atinge hoje um nível nunca visto. Ao mesmo tempo que a internet abre espaços para as produções amadoras, equipamentos como câmeras digitais, aparelhos de telefonia celular, computadores, impressoras domésticas e mídias para armazenamento de dados digitais são utilizados por crianças, jovens e adultos – muitas vezes sem nenhum conhecimento das técnicas de manipulação dos signos – para produção de todo tipo de bens simbólicos e culturais (filmes, fotografias, músicas, histórias em quadrinhos, animação etc.). Diante disso, as linguagens são, diariamente, experimentadas, testadas, apreendidas, reproduzidas e transformadas.

Referências bibliográficas

BENEDIKT, M. El ciberespacio: algunas propuestas. In: (ed.). *Ciberespacio, los primeros pasos*. México (DF): Conacyt/Sirius Mexicana, 1991. pp. 113-206.

BURKE, P. *Hibridismo cultural*. São Leopoldo: Unisinos, 2003.

CANCLINI, N. G. *Culturas híbridas*; estratégias para entrar e sair da modernidade. 3. ed. São Paulo: Edusp, 2000.

CANEVACCI, M. *Sincretismos*; uma exploração das hibridações culturais. São Paulo: Studio Nobel, 1996.

CASTELLS, M. *A sociedade em rede*. 2. ed. São Paulo: Paz e Terra, 1999. v. 1.

DEBORD, G. *A sociedade do espetáculo*. Rio de Janeiro: Contraponto, 1997.

ECO, U. *A estrutura ausente*. 3. ed. São Paulo: Perspectiva, 1976.

GITLIN, T. et al. Cultura pop: imagens e questões. *Diálogo* v. 26, n. 2, Rio de Janeiro, 1993, pp. 51-66.

GREIMAS, A. J.; COURTÉS, J. *Dicionário de semiótica*. São Paulo: Cultrix, 1985.

GRUZINSKI, S. *O pensamento mestiço*. São Paulo: Companhia das Letras, 2001.

HALL, S. *A identidade cultural na pós-modernidade*. 7. ed. Rio de Janeiro: DP&A, 2002.

IANNI, O. *Teorias da globalização*. 5. ed. Rio de Janeiro: Civilização Brasileira, 1999.

LEMOS, A. Cibercultura – alguns pontos para compreender a nossa época. In: LEMOS, A.; CUNHA, P. (orgs.). *Olhares sobre a cibercultura*. Porto Alegre: Sulina, 2003. pp. 11-23.

LÉVY, P. *As tecnologias da inteligência*. Rio de Janeiro: Editora 34, 1997.

LÓTMAN, I. *Cultura y explosion: lo previsible y lo imprevisible en los procesos de cambio social*. Barcelona: Gedisa, 1999.

_____. *La semiosfera I*; semiótica de la cultura e del texto. Madrid: Cátedra, 1998.

_____; USPENSKII, B. A. Sobre os mecanismos semióticos da cultura (1971). In: LÓTMAN, I. et al. *Ensaios de semiótica soviética*. Lisboa: Editorial Estampa, 1981. pp. 37-55.

MACHADO, I. *Escola de semiótica*; a experiência de Tártu-Moscou para o estudo da cultura. São Paulo: Ateliê/Fapesp, 2003.

MAFFESOLI, M. *O tempo das tribos*; o declínio do individualismo nas sociedades de massa. 3. ed. Rio de Janeiro: Forense Universitária, 2000.

MORIN, E. *Cultura e comunicação de massa*. Rio de Janeiro: FGV, 1972.

_____. *Cultura de massas no século XX*; o espírito do tempo – 1 Neurose. 6. ed. Rio de Janeiro: Forense-Universitária, 1984.

PINTO, M. J. *Comunicação e discurso*; introdução à análise de discurso. São Paulo: Hacker, 2002.

PRYSTHON, Â. *Cosmopolitismos periféricos*; ensaios sobre modernidade, pós-modernidade e estudos culturais na América Latina. Recife: Bagaço, 2002.

SANTAELLA, L. *Cultura das mídias*. 2. ed. São Paulo: Experimento, 1996.

_____. *Matrizes da linguagem e pensamento*; sonora/visual/verbal. São Paulo: Iluminuras/Fapesp, 2001.

_____. *Culturas e artes do pós-humano*; da cultura das mídias à cibercultura. São Paulo: Paulus, 2003.

SILVERSTONE, R. *Por que estudar a mídia?* São Paulo: Loyola, 2002.

SOUSA, M. W. de (org.). *Sujeito, o lado oculto do receptor*. São Paulo: Brasiliense, 1995.

THOMPSON, J. B. *The media and modernity*; a social theory of the media. Stanford (EUA): Stanford University Press, 1995.

CAPÍTULO 2

Cenografia virtual: o cenário atual e o cenário possível

João Batista Freitas Cardoso

Introdução

Cada meio de comunicação é um tipo específico de sistema que leva à utilização de um conjunto de dispositivos próprios para a organização de sua linguagem (cf. POSNER, 1997, p. 43). Para Iúri Lótman, linguagem é "todo sistema de comunicação que utiliza signos ordenados de modo particular" (1978, p. 35). Partindo desse princípio, o conceito de linguagem não se limita à relação com a "língua natural", verbal. Ao contrário disso, "pode-se falar de linguagem do teatro, do cinema, da pintura, da música e da arte em seu conjunto como de uma linguagem organizada de modo particular" (LÓTMAN, 1978, p. 34). Nesse sentido, é possível falar também em uma linguagem televisiva, assim como, mais especificamente, em uma linguagem da cenografia televisiva. Logo, fazendo uso das palavras de Posner e Lótman, podemos afirmar que a televisão é um tipo específico de sistema que faz uso de determinados códigos, entre eles a cenografia, para organização de sua linguagem. E esse tipo específico de cenografia, por sua vez, também faz uso de um conjunto de códigos próprios ao sistema televisivo para organizar sua linguagem.

Códigos são conjuntos de dispositivos utilizados para a organização das mensagens, são convenções, legi-signos. Todo sistema congrega uma série de códigos, o sistema televisivo tem sua linguagem determinada a partir de seus códigos verbais, sonoros e visuais. A linguagem da cenografia televisiva é composta justamente por parte dos códigos visuais – cenário, figurino, adereços, iluminação, ou seja, todo elemento visual que estabelece "fluxos, massas, volumes, num determinado espaço" (DIAS, 1995). Assim como a cenografia televisiva é um dos códigos da linguagem televisiva (os visuais), o cenário é um dos códigos da cenografia e, do mesmo modo, o cenário tem sua linguagem determinada a partir de outros tipos de códigos – formas, volumes, cores, texturas, movimentos etc.

Tendo definido a cenografia televisiva e o cenário televisivo como tipos de linguagens específicas, é preciso estar atento à sua organização, sua sintaxe. "Qualquer linguagem utiliza signos, que constituem seu 'dicionário' [...], qualquer linguagem possui regras definidas de combinação desses signos, qualquer linguagem representa uma determinada estrutura, e essa estrutura possui sua própria hierarquia" (LÓTMAN, 1978, p. 34). Parafraseando Lótman, a linguagem da cenografia teatral se distingue da linguagem da cenografia cinematográfica e ambas falam com o espectador de uma maneira diferente como faz a cenografia televisiva. No entanto, em cada um desses sistemas, a incorporação de nova tecnologia acaba gerando mudanças no processo de desenvolvimento do cenário – da escolha dos materiais até as técnicas de produção –, afetando os códigos que constituem a linguagem do sistema e, consequentemente, a própria sintaxe. Ao fazer uso das tecnologias digitais, originadas nos campos da simulação e da realidade virtual, a cenografia televisiva cria um novo tipo de espaço cênico, que deixa de ser uma área limitada fisicamente. Ainda que essa mudança afete diretamente uma série de códigos do sistema, as alterações na topologia do espaço cênico não devem ser vistas como algo novo: em seus 2.500 anos de existência, o espaço cênico vem sofrendo constantes mutações.

Nas apresentações da poesia coral (Grécia antiga, século V a.C.), o público se posicionava em torno da encenação em uma formação circular, chamada de espaço-arena. Quando um dos integrantes do coro passa a interpretar o papel dos vários personagens da poesia, o espaço sofre sua primeira mudança topológica. Para que o corista trocasse de máscaras e indumentária foi instalada, ao lado do espaço da encenação, uma espécie de tenda, a *skene*. A partir desse momento, o público foi retirado de uma das tangentes da arena. Com a cena ao fundo, estava inventado o espaço formal do teatro ocidental, o espaço semiarena. Com a construção dos anfiteatros gregos nas encostas das colinas, surgiu a maquinaria, cuja tecnologia foi transferida das embarcações – guindastes, alavancas, roldanas e cordas passaram a ser utilizados para movimentos aéreos, como aparições de personagens míticas. A cena, então, não se limita mais ao nível do palco, verticaliza-se no espaço.

Nos séculos seguintes são muitas as inovações que mudam a configuração do espaço cênico no teatro, entre elas: a invenção do palco elevado e do pano de boca (Roma, século I a.C.); a construção, na Idade Média, dos tablados para as apresentações em praças públicas; a criação do palco elisabetano (Inglaterra, séculos XVI-XVII); a construção da caixa italiana com inúmeros recursos técnicos; o uso da técnica da perspectiva nas pinturas ilusionistas dos telões da ópera; a incorporação da luz elétrica como elemento de significação; o uso das projeções cinematográficas e de todo tipo de tecnologia digital do século XX.

Além das mutações ocorridas no espaço teatral, o cinema e a televisão apresentam constantemente mudanças motivadas pela incorporação de novas tecnologias. Uma dessas tecnologias, o sistema virtual, é que mais faz perceber como o espaço de representação interfere diretamente na linguagem de um sistema.

O sistema virtual no cenário televisivo

A tecnologia empregada na confecção de cenários virtuais para televisão foi criada pelas indústrias que desenvolvem sistemas de treinamento e simuladores militares. Uma dessas empresas, a BVR Technologies Ltd., em 1993, reposicionou seus produtos em nova direção, nascendo daí a RT-SET, que depois deu origem a Vi[z]rt Ltd., empresa responsável pela instalação de sistemas para produção de cenários virtuais em diversos países, inclusive no Brasil. No final da década de 1990, a cenografia virtual já era vista com fascínio pelos profissionais da área.

Os sistemas de produção de cenários virtuais já estão presentes em algumas emissoras brasileiras (entre elas, a Rede Globo, Rede Record e CNT), assim como nas principais emissoras do mundo (BBC de Londres, a americana CBS e a italiana RAI, entre outras). No período de implantação da cenografia virtual nas emissoras brasileiras, foram utilizados basicamente dois sistemas: em um deles, o cenário é pintado de azul ou verde, e a câmera é fixada em uma traquitana chamada de dispositivo *tracking*, que transmite ao computador todos os movimentos dela, inclusive da objetiva; no segundo, são pintadas faixas horizontais e verticais de espessuras e tonalidades diferentes, uma espécie de *grid*, em um painel que fica ao fundo da cena. O sistema reconhece esses padrões e movimenta o cenário usando-os como referência.

Independente do sistema, essa tecnologia faz uso do *chroma-key*, um recurso bastante utilizado na produção videográfica. O *chroma-key* possibilita substituir uma das cores primárias (vermelho, verde ou azul) por um sinal de vídeo qualquer. Ou seja, um fundo monocromático (*background*), geralmente azul ou verde, pode ser substituído por imagens geradas no computador ou até mesmo por imagens captadas. No entanto, no *chroma-key* existe a limitação de o fundo não acompanhar o movimento da câmera. A tecnologia aplicada ao cenário virtual resolve esse problema, o *background* acompanha os movimentos das câmeras, que se podem deslocar livremente. Além disso, possibilita: o uso de elementos tridimensionais em cena; a evolução desses elementos ao vivo; sua "interação" com o apresentador; a incidência de luz em movimento sobre esses mesmos elementos; e a projeção de sombras e reflexos do apresentador e dos elementos virtuais. Com isso, é possível incluir objetos em cena e, com um ensaio prévio, criar a ilusão de que o ator está interagindo com eles. Ele pode circular em volta do objeto virtual e ter sua sombra projetada nele como em um objeto corpóreo.

Contudo, ainda que o telespectador perceba um espaço que é capaz de receber um corpo humano que interage com diversos objetos, esse tipo de cenário, do modo como é visto pelo espectador, não se encontra instalado em nenhum palco ou estúdio, ocupa tão somente o espaço na tela da televisão. Assim, as interações entre o apresentador e os elementos cênicos, percebidas pelo espectador, são meras simulações. As sombras, por sua vez, são apenas recortes dos próprios objetos, projetados no ângulo exato onde deveria estar uma sombra real. O reflexo do cenário também é o rebatimento do modelo original, que na tela do computador apresenta-se em dois volumes: o "original" e, embaixo deste, o "reflexo". A iluminação é fixa, a sensação de luz em movimento é gerada por uma série de desenhos de luzes estáticas apresentados em uma determinada sequência. Ou seja, não existem luzes em movimento, reflexos ou sombras da forma como são percebidos pelos espectadores. Na realidade, o cenário sequer existe nas formas que fazem com que seja reconhecido como um cenário. Na memória do computador, não passam de códigos binários.

Essa condição, por sua vez, apresenta uma série de novas formas de relações entre objetos de diferentes naturezas (pessoas, animais e objetos corpóreos com construções virtuais, sintéticas). Assim como novas formas no pensar o fazer cenográfico. No caso da iluminação, por exemplo, em um programa de televisão que faz uso de cenários virtuais, existem dois tipos distintos de fontes de luz: uma fonte que incide sobre o corpo do apresentador; e outra, virtual, que se encontra "impressa" no desenho do cenário. A princípio, essa situação parece não ser muito diferente de uma iluminação convencional, em que existe uma luz feita para o cenário e outra para as pessoas que estão em cena. Mas, ao contrário disso, afeta todo o processo de produção. Em um plano de luz para uma cena com elementos corpóreos, que chamaremos aqui de "cenário convencional", é comum que o mesmo profissional (iluminador), ou a mesma equipe, cuide das duas iluminações e, com isso, acabe desenhando a luz para a cena como um todo. O risco que se corre no desenho de luz para programas com cenário virtual está justamente na perda de unidade da cena. E isso pode acontecer quando parte da luz for pensada pelo *designer* do cenário virtual e parte pelo iluminador, o que acaba gerando conflito no espaço cênico. Quando as iluminações do cenário e do apresentador não se apresentam integradas, os objetos assumem suas diferentes naturezas e acabam por revelar o artifício de simulação da construção de um espaço compartilhado.

Outro fator que afeta diretamente a percepção de figuras corpóreas e virtuais em um espaço compartilhado são as texturas e cores das matérias, que, no caso da imagem virtual, são muitas vezes determinadas em função da limitação tecnológica.

Quando surgiram as primeiras tentativas de modelagem de figuras e espaços tridimensionais sintéticos, as limitações da tecnologia acabaram por determinar as estruturas e formas que poderiam ser construídas no espaço virtual (cf. HOLTZMAN, 1997, p. 153). Como determinadas texturas não eram possíveis de serem reproduzidas sinteticamente, predominava na televisão os cenários futuristas com superfícies lisas, metalizadas e extremamente "limpas", que acabavam por desvelar a artificialidade das matérias quando comparadas com objetos do "mundo real". Ainda que o cenário virtual não seja "sujo" o suficiente, é possível perceber que já aparecem algumas superfícies rugosas e irregulares em representações virtuais. A imagem sintética, rapidamente, aproxima-se da representação do "real".

Vale destacar que a estética do cenário determinada em função da limitação tecnológica indica que essa forma específica de representação encontra-se presa à forma de representação realista, ao cenário convencional. Pode-se perceber, ainda hoje, que o aspecto visual das formas, texturas e composição, em cenários desse tipo, em muito se assemelha ao cenário convencional, a ponto de, em determinados programas, passar pelos espectadores como um cenário que ocupa um espaço físico em nossa dimensão. Pensando assim, esse tipo de cenário não se apresenta como uma nova forma de representação, uma nova linguagem, mas sim como uma evolução natural do cenário convencional. Partindo do princípio de que, na mudança do convencional para o virtual, a concepção de cenário televisivo permanece, que o que muda é apenas a tecnologia e o processo de produção, conclui-se que o cenário virtual só está aí para viabilizar os projetos, diminuindo os custos, agilizando a produção e resolvendo problemas de transporte, instalação e manutenção. Logo, é uma evolução do processo de produção, é um objeto com fins mercadológicos. Diversos produtores pensam desse modo, consideram que o maior benefício do cenário virtual é possibilitar a produção de espaços que não possam ser construídos devido ao alto custo ou à limitação dos recursos disponíveis. Visto por esse ângulo, a customização do projeto passa a ser um dos elementos de maior importância para o sucesso do cenário virtual na televisão.

Ainda que o custo de uma produção seja um dos principais fatores considerados pelas emissoras e produtoras, é importante estar atento para o fato de que o uso de sistemas virtuais para produção de cenários televisivos afeta diretamente o processo de desenvolvimento dos projetos cenográficos e, consequentemente, a própria linguagem do sistema. Sendo assim, é preciso pensar nos potenciais plásticos e de significação desse tipo específico de representação, que é determinada, em grande parte, pelas inovações impostas pela cultura digital.

O espaço virtual e o cenário virtual

O cenário convencional (construído em madeira, ferro, tecido, ou outra matéria do "mundo físico") difere do cenário virtual por se apresentar na televisão como uma realidade secundária, uma realidade que consiste em elementos de uma realidade primária, a matéria física (cf. LEOPOLDSEDER, 1999, p. 69). A nova forma de representação, por sua vez, é autônoma. Sua existência independe da existência de um outro objeto. De um objeto do qual ele será sua representação.

Por serem de naturezas distintas, não se pode afirmar que o cenário virtual seja uma evolução do cenário convencional; também não se pode dizer que seja uma ruptura com este sistema, já que faz uso de determinados códigos que compõem a já consolidada linguagem da cenografia televisiva. Justamente por isso, é preciso cuidar para que não se confunda essa forma específica de representação com outros tipos de recursos técnicos, como, por exemplo, o *chroma-key*.

No período da televisão em preto-e-branco, o *matte* já possibilitava a inserção de imagens sintéticas como fundo para os apresentadores de televisão. Com o início da transmissão em cores, o recurso que passou a ser utilizado foi o *chroma-key*. Uma observação menos cuidadosa pode levar a crer que a forma de representação de que se trata aqui é apenas uma evolução tecnológica do *chroma-key*. Apesar de o princípio ser o mesmo – uma pessoa na frente de um fundo azul ou verde que, após ser recortada, é inserida em um fundo com uma imagem qualquer –, no cenário virtual o apresentador desloca-se pelo espaço tridimensional simulando uma interação com os objetos em cena. A tridimensionalidade, que marca o pensamento cenográfico desde o final do século XIX, será uma das principais características dessa nova forma de representação. Outra marca dessa forma específica de representação é sua relação íntima com as ideias de simulação e interação que surgem com o ciberespaço; isso se deve, em especial, ao fato de a tecnologia empregada na confecção de cenários virtuais migrar das indústrias que desenvolvem sistemas de treinamento militar.

No ciberespaço o objeto está em todos os lugares e em nenhum lugar ao mesmo tempo; ele se atualiza no tempo presente. Da mesma forma que, quando se navega no ciberespaço se atualiza uma margem de possibilidades, a simulação, como um programa que é, antecipa as condições atuais. No início da década de 1990, Marcos Novak (cf. 1993, p. 217) já defendia a ideia de que não há objetos no ciberespaço; há, ao contrário disso, objetos-atributos. Objetos, como conjunto de atributos, que existem apenas no tempo e no espaço. Em *Cyberspace/Cyberbodies/Cyberpunk*, Featherstone e Burrows referem-se ao termo "ciberespaço" como um espaço de informação em que dados são configurados de tal modo que dão ao operador a ilusão de controle, movimento e acesso para informação, podendo haver troca de informações entre os usuários (cf. 1996, pp. 2-3). A interação do usuário e sua imersão no espaço também caracterizam a realidade virtual.

Considerando os aspectos de interação, troca, imersão, do homem no espaço virtual como um elemento dele, a relação do cenário virtual com a simulação ou com a realidade virtual não pode ser facilmente explicada. No cenário virtual não existe o contato tão próximo entre o homem e o espaço virtual, não existe imersão ou interação da forma como se percebe no ciberespaço ou na realidade virtual.

Nesse sistema podemos reconhecer claramente três dimensões: a primeira delas é o próprio espaço cênico, existente apenas na memória do computador; a segunda é a do apresentador ou ator, que se encontra em outro espaço que não é aquele existente na memória do computador; a terceira é aquela em que alguém, o telespectador, observa um homem, o apresentador, ocupando um determinado espaço e interagindo com os objetos desse espaço. Ao observar um apresentador ou ator em um cenário virtual, o telespectador é induzido a uma espécie de ilusão. A percepção da imersão do apresentador no espaço se deve à tridimensionalidade dos elementos virtuais, à liberdade de movimento proporcionada à câmera e à sobreposição de camadas que permitem que o apresentador possa andar em volta dos objetos virtuais. A interação do apresentador com os elementos cênicos, por sua vez, não passa de um truque, uma simulação do apresentador que, sincronizada com o comando real do operador do sistema, faz com que se tenha a impressão de que as ações sobre os objetos em cena estejam sendo exercidas pelo próprio apresentador. Desse modo, nesse quadro não existe a imersão do apresentador ou do telespectador no espaço virtual, assim como não existe nenhuma forma de interação entre essas três dimensões.

Ainda que não se reconheçam no sistema as marcas mais profundas do ciberespaço ou da realidade virtual, não há como negar que essa forma de representação possui traços próprios que também se apresentam como marcas da cibercultura.

Para Novak (cf. 1993, p. 223), existem três requisitos fundamentais para a percepção do espaço: "a referência, a delimitação e a modulação. Se falta um, o espaço não pode ser distinguido do não-espaço, o ser do nada". O cenário virtual é uma simulação de um cenário físico, que recebe corpos humanos em espaços modulados e delimitados. No *chroma-key*, ao contrário, existe apenas uma superposição do corpo ao cenário, o cenário vira um pano de fundo – a oposição entre cenário corpóreo e cenário como pano de fundo não é uma discussão nova; a concepção cenográfica sempre oscilou entre a pintura e a arquitetura. Assim, o cenário virtual se distancia do *chroma-key* justamente por entrar no domínio da arquitetura. Para Novak (cf. 1993, pp. 223-224), mesmo um espaço completamente artificial, quando modulado, é um espaço arquitetônico.

Por outro lado, a arquitetura do cenário virtual difere da arquitetura do cenário convencional por ser "líquida". Tem maiores possibilidades de evolução rítmica, tanto no espaço como no tempo. Contudo, não convém chamar essa forma de representação de "cenário líquido", pois o conceito de "arquitetura líquida", para Novak, vem da liberdade que oferecemos ao corpo de mudar a realidade à sua volta:

> Se descrevermos a arquitetura líquida como uma sinfonia no espaço, essa descrição permaneceria ainda aquém da expectativa. Uma sinfonia, embora variável ao longo de sua duração, continua sendo um objeto fixo que pode ser repetido. Em sua expressão mais plena, a arquitetura líquida é mais que isso. É uma sinfonia no espaço, mas uma sinfonia que nunca se repete e continua se criando (1993, pp. 230-231).

Imaginando que a concepção de cenografia líquida possa vir a ser realizada, novas questões seriam levantadas: a interferência do telespectador nos volumes, cores ou ângulos dos cenários, não levaria à perda da autenticidade da representação? Com isso, de quem seria a autoria? Sem um cenógrafo criador, essa representação ainda seria um cenário? Algumas dessas questões (o fim da autoria, a participação da recepção na criação e o objeto como texto) já foram postas à mesa pelas artes plásticas em meados do século XX; de qualquer modo, não cabe, neste momento, discutir essas questões, mesmo porque, com os recursos disponibilizados hoje, ainda não temos condição de corporificar um cenário plenamente líquido. Mesmo assim, as possibilidades geradas pelo cenário virtual, se comparado ao simples recurso do *chroma-key*, ou ainda ao cenário convencional (corpóreo), parecem ter a mesma leveza e encantamento que tanto fascinou o pesquisador e cenógrafo suíço Adolphe Appia, quando se viu diante da possibilidade de utilização da luz elétrica como elemento cenográfico na encenação teatral.

Quando a luz surge como elemento cenográfico, no final do século XIX, alguns encenadores passaram a rejeitar a planaridade dos telões pintados, sugerindo que a luz poderia criar espaços e contornar os elementos corpóreos que se encontravam no palco.

Contudo, enquanto os simbolistas pensavam na luz como elemento de significação, os naturalistas a utilizavam para reforçar ainda mais a ilusão de um ambiente natural no palco. A luz, nos dois casos, levava a cenografia para o campo da arquitetura – para Adolphe Appia como forma de propiciar à luz condições de realizar evoluções, e para André Antoine pelas possibilidades de representar o real. Consequentemente, essas posições levam a estéticas cenográficas distintas.

Da mesma forma se comporta a estética do cenário virtual. A tendência, nos primeiros anos de utilização de cenários virtuais em televisão, foi buscar o realismo na representação. Contudo, assim como Appia percebeu nos recursos da luz elétrica uma nova forma de pensar a cenografia, Leopoldseder (1999, pp. 67-69) lembra que o computador é uma ferramenta que influencia o processo cultural e artístico, criando, com isso, uma nova forma de pensamento artístico.

Segundo Patrice Pavis (1999, p. 46), para Appia, "a respiração de um espaço e de seu valor rítmico estão no centro da cenografia, a qual não é um objeto bidimensional fixo, mas um corpo vivo submetido ao tempo, ao tempo musical e às variações de luz". Somado a isso, o cenário virtual vem de encontro ao primeiro pré-requisito de Appia, que "era manter o palco livre de qualquer coisa que prejudicasse a presença física do ator" (BERTHOLD, 2001, p. 470).

Pensando assim, o cenário virtual pode se libertar dos limites arquitetônicos impostos pelas leis da física, rejeitar a gravidade, quebrar a ilusão da perspectiva. Sua arquitetura pode chegar às anomalias espaciais do artista gráfico holandês Mauritz Cornelis Escher – com figuras que andam em uma mesma escada, uma descendo enquanto a outra sobe, e ao mesmo tempo se mantendo numa única dimensão. Um espaço tridimensional onde cada uma das três dimensões se confunde com as outras. "Através da história encontramos exemplos de projetos arquitetônicos de tão vasta ambição que simplesmente não puderam ser construídos utilizando os recursos de sua época" (NOVAK, 1993, p. 225), no entanto, com as possibilidades oferecidas pelo cenário virtual, fazendo uso das palavras de Walter Gropius (apud NOVAK, 1993, p. 227), poderemos "construir na imaginação, sem se preocupar com as dificuldades técnicas".

O cenário virtual como linguagem

Os materiais utilizados na confecção do cenário convencional (madeira, ferro, tecido etc.), assim como os recursos técnicos e equipamentos utilizados no manuseio desses materiais, são ferramentas que determinam os códigos que compõem a linguagem do cenário. Sendo assim, ao mudarem as ferramentas, pela incorporação de novos recursos tecnológicos ou outro fator qualquer, é bem provável que haja uma mutação dos códigos, "visto que o crescimento (ou transformação) dos signos se dá sempre através de novas misturas entre signos já existentes ou através da invenção de novas máquinas, aparelhos ou equipamentos capazes de produzir signos" (SANTAELLA, 1992, p. 133).

Considerando esse panorama, surge a seguinte questão: o que acontece com a linguagem televisiva no momento em que o cenário televisivo substitui o sistema convencional pelo virtual? Esse processo pode ser compreendido a partir do conceito semiótico de modelização. De modo geral, modelização é a transformação de sinais em signos através dos códigos, é um relacionamento de linguagens. Para Lótman (1978, pp. 44-45),

> cada linguagem não é só um sistema de comunicação, mas ainda um sistema modelizante, ou melhor dizendo, essas duas funções estão indissoluvelmente ligadas [...]. Desse modo, cada sistema de comunicação pode realizar uma função modelizante, e, inversamente, cada sistema modelizante pode desempenhar um papel de comunicação.

A modelização, nesse caso, está justamente na transformação dos códigos básicos do sistema cenográfico televisivo: quando as formas, cores, texturas, entre outros elementos corporificados a partir do uso de madeira, tecido, pigmento etc., se traduzem em números, em códigos binários. A possível transformação da linguagem do cenário televisivo, gerada nesse processo, é um sistema modelizante. Considerando essa mudança como um sistema modelizante, que acontece dentro de um outro sistema (a linguagem televisiva), é possível afirmar que a modelização ocorrida na cenografia televisiva tende a afetar o texto televisivo como um todo.

Contudo, para Lucia Santaella,

> por mais inovadores e diferenciais que esses signos se apresentem, haverá sempre, na base, sua vinculação com os tipos gerais, definindo-se seu caráter pela maneira, graus e intensidades peculiares com que cada processo sígnico existente opera as relações entre os diferentes tipos (1992, p. 133).

Ainda que o espaço cênico e o cenário tenham passado por uma série de mudanças nos últimos séculos, determinados códigos ainda permanecem em sua composição. Segundo Lótman (1981, pp. 42-43), a longevidade de determinados códigos está relacionada diretamente ao dinamismo interno do sistema que cuida de organizar e conservar as informações que caracterizam o sistema como um sistema particular. A memória que o cenário cuida para preservar é a de colocar-se no espaço como elemento significante. Nos dias de hoje, em qualquer sistema onde esteja inserido, o cenário não se conforma mais em ocupar o espaço como um simples elemento de decoração. Deve, em vez disso, impor-se como elemento de significação:

> Cenografia não é apenas um signo que denota e conota um ambiente e/ou uma época, ou que informa um espaço, configurando-o: a boa cenografia é a que participa também da ação narrativa, que

não é apenas algo externo à ação, decorativamente, mas que se identifica até com o estado psicológico dos personagens ou o ambiente da cena (PIGNATARI, 1984, p. 72).

Dessa forma, "os artefatos produzidos de acordo com um código central tornam-se modelo para outros tipos de artefatos" (POSNER, 1997, p. 255), e mesmo as transformações do meio acabam por manter determinados códigos.

Contudo, como bem lembra Lótman (1981, pp. 44-53),

> o esquecimento também se efetiva doutra forma; a cultura exclui continuamente de seu próprio âmbito determinados textos [...]. Todo e qualquer movimento artístico questiona a autoridade dos textos sobre os quais se baseavam as épocas precedentes, transferindo-os para a categoria dos não-textos [...], ou destruindo-os [...]. O dinamismo das componentes semióticas da cultura unem-se, evidentemente, ao dinamismo da vida de relação da sociedade humana.

Com isso, o cenário virtual na televisão terá seu tempo de vida, influenciará outros sistemas, assim como sofrerá outras influências que levarão a novas modelizações.

Por fim, vale lembrar que, junto às novidades apresentadas pelo cenário virtual, a televisão vive profundas mudanças com o surgimento da TV de alta definição. Desde 1989, no Japão, diversas experiências em HDTV (*high definition television*) foram realizadas no mundo. A formatação da imagem em HDTV proporciona melhor qualidade de imagem em uma tela 30% maior no tamanho horizontal que as dos aparelhos atuais, que passará da proporção de 4:3 para 16:9. A maior quantidade de linhas na tela permite uma imagem mais nítida e, com isso, a direção de arte deverá cuidar dos elementos cenográficos para que pequenos defeitos, que são ignorados hoje pela produção, não sejam percebidos no novo sistema.

Conclusão

O cenário virtual apresenta-se hoje como uma possibilidade bastante viável para as produções televisivas, pois resolve o problema da área física do estúdio que em algumas emissoras e produtoras se apresenta como um empecilho, além de mostrar-se mais prático e rápido, nos processos de criação, produção, manutenção, transporte, instalação e armazenamento. Soma-se a esses benefícios o fato de reduzir consideravelmente os custos no uso de materiais e mão-de-obra para construção do cenário. Diante disso, é natural que o sistema desperte muito interesse.

No entanto, seus potenciais de significação ainda são pouco explorados pela televisão brasileira. Programas como *Globo Repórter* (TV Globo), um dos precursores no uso de sistema virtual na televisão brasileira, limitam-se à construção de um espaço que segue o modelo das construções convencionais, com cenários que se assemelham aos cenários de outros programas do gênero que não fazem uso de cenários virtuais.

É preciso que se entenda que, ainda que o cenário virtual faça uso de determinados códigos da cenografia televisiva convencional, é um sistema que possui traços próprios em sua estrutura. Traços que resultam da incorporação de nova tecnologia que afeta diretamente os processos de criação e produção do cenário, assim como os processos de criação, produção e transmissão do programa televisivo.

Ainda que esteja no campo da arquitetura como o cenário convencional, apresenta-se como uma arquitetura fluída, que evolui no espaço e tempo. Desse modo, maiores são as possibilidades desse tipo de representação como elemento de significação. Em um momento pode simular uma realidade secundária, uma representação realista, e, no momento seguinte, transformar completamente esse espaço como um organismo vivo. Diversas experiências desse tipo já foram experimentadas pelo cinema, mas na televisão limitam-se aos videoclipes. Assim, é preciso que produtores e cenógrafos liberem o espaço cênico das leis da física para que este possa evoluir no ritmo da cena.

Assim como a televisão descobriu sua linguagem própria, afastando-se dos sistemas que a antecederam, cabe ao cenário virtual impor sua própria linguagem e, com isso, interferir diretamente nos textos televisivos. Entretanto, mesmo tendo que buscar seu espaço, o cenário televisivo deve cuidar de não perder o que existe de mais importante na linguagem cenográfica: colocar-se no espaço como elemento significante. Deve, assim como faz no teatro e cinema, cumprir a função de cooperar com a configuração do espaço cênico; representar os espaços e tempos específicos onde se encontram os personagens e/ou apresentadores; auxiliar na evolução do ator ou apresentador; e atuar como elemento de significação que, na articulação sincrética com os outros elementos da cena, transmite ao telespectador uma mensagem.

Referências bibliográficas

BERTHOLD, M. *História mundial do teatro*. São Paulo: Perspectiva, 2001.

DIAS, J. *A importância da cenografia*; catálogo da exposição *Cenografia um novo olhar*. São Paulo: Sesc, 1995.

FEATHERSTONE, M.; BURROWS, R. *Cyberspace, cyberbodies, cyberpunk*; cultures of technological embodiment. London: Sage Publications, 1996.

HOLTZMAN, S. *Digital Mosaics*; the aesthetics of cyberspace. New York: Simon & Schuster, 1997.

LEOPOLDSEDER, H. Ten indications of an emerging computer culture. In: DRUCKEREY, T. (ed.). *Ars Electronica*; facing the future. Cambridge, Mass.: The Mit Press, 1999.

LÓTMAN, I. *La semiosfera III*; semiótica de las artes y de la cultura. Madrid: Ediciones Cátedra, 2000.

LÓTMAN, I. *A estrutura do texto artístico*. Lisboa: Editorial Estampa, 1978.

_____; USPENSKII, B. A. Sobre o mecanismo semiótico da cultura (1971). In: LÓTMAN, I. et al. *Ensaios de semiótica soviética*. Lisboa: Horizontes, 1981.

NOVAK, M. Arquitecturas líquidas en el Ciberespacio. In: BENEDIKT, M. *Ciberespacio; los primeros pasos*. México: CNCT/Sirius Mexicana, 1993.

PAVIS, P. *Dicionário de teatro*. São Paulo: Perspectiva, 1999.

PIGNATARI, D. *Signagem da televisão*. São Paulo: Brasiliense, 1984.

POSNER, R. O mecanismo semiótico da cultura. In: RECTOR, M. (org.). *Comunicação na era pós-moderna*. Petrópolis: Vozes, 1997.

SANTAELLA, L. *A assinatura das coisas*. Rio de Janeiro: Imago, 1992.

CAPÍTULO 3

A revanche do cinema de animação: o imaginário concretizado ou a desnecessidade de sonhar

MARCELLO GIOVANNI TASSARA

Antes da terceira dimensão

Nascido dos brinquedos óticos que se espalharam pelos salões e feiras europeias na segunda metade do século XIX e supostamente baseado em um obscuro fenômeno fisiológico da visão humana, conhecido como *persistência da retina*,[1] um exercício lúdico cheio de presumida magia constituiu o princípio gerador do colosso que hoje responde pelo apelido de cinema (nome de batismo: *cinematógrafo*). Aqueles brinquedos primitivos não passavam de inocentes artefatos, todos também batizados com

---

[1] A natureza exata do fenômeno ótico e/ou psicológico que permite ao cérebro sintetizar o movimento a partir dos estímulos que atingem a visão é discutida por alguns autores: "Mas o fenômeno da persistência da retina nada tem a ver com a sintetização do movimento: ele constitui, aliás, um obstáculo à formação das imagens animadas, pois tende a superpô-las na retina, misturando-as entre si. O que salvou o cinema como aparato técnico foi a existência de um intervalo negro entre a projeção de um fotograma e outro, intervalo esse que permitia atenuar a imagem persistente que ficava retida pelos olhos. O fenômeno da persistência da retina explica apenas uma coisa no cinema, que é o fato justamente de não vermos esse intervalo negro. A síntese do movimento se explica por um fenômeno psíquico (e não óptico ou fisiológico) descoberto em 1912 por Wertheimer e ao qual ele deu o nome de fenômeno phi: se dois estímulos são expostos aos olhos em diferentes posições, um após o outro e com pequenos intervalos de tempo, os observadores percebem um único estímulo que se move da posição primeira à segunda" (MACHADO, 1997 p. 20).

nomes extravagantes – *fenaquistoscópio, lanterna mágica, zootrópio, praxinoscópio etc.*[2] –, e haviam sido criados por pessoas inconformadas com suas próprias limitações perceptivas e que sonhavam com uma técnica tão impossível quanto imaginária: a técnica do registro do movimento. Mas, naqueles dias do passado, tais ideias estavam longe dos interesses do pensamento racional herdado no rastilho das décadas anteriores e não era de bom tom enxergar nos sonhos dessas pessoas mais do que algumas quimeras infantis e irresponsáveis, sem nenhuma base nas leis do mundo natural.

Os estudiosos de nosso tempo, habituados a buscar os precursores de qualquer gênero de descoberta ou invenção, precisaram mergulhar nas profundezas da pré-história para descobrir figuras de animais cheios de patas superpostas,[3] gravadas na profundidade das cavernas, para identificar os indícios de que alguém já havia pensado em tais heresias. Segundo as palavras de Alberto Lucena Jr.,

> assim, encontramos ao longo da história da arte o desejo atávico do homem pela animação de suas criaturas – inicialmente como uma intenção mágica (pré-história), mais tarde como código social (Egito antigo), passando pelo reforço da narrativa (Oriente Próximo antigo em diante), até o puro desejo formal com a arte moderna (LUCENA, 2002, p. 29).

No entanto, aquelas representações dos movimentos dos animais não passavam de desenhos, estáticos, como todas as demais representações icônicas da realidade, por maior ênfase que se desejasse dar a seus aspectos dinâmicos. Essa situação, certamente insatisfatória para os espíritos inquietos, perdurou até que

---

[2] Em sua obra, C. W. Ceram descreve pormenorizadamente esses aparatos que inspiraram os primeiros projetores e câmeras cinematográficas.

[3] Bom exemplo são as pinturas rupestres encontradas em Altamira, nos Montes Cantábricos, região do norte da Espanha. As imagens representam um javali com oito patas e teriam cerca de 30 mil anos.

os primeiros sinais de uma nova era essencialmente tecnológica despontasse, inexorável, no horizonte da história. Assim foi que o *movimento*, fenômeno físico banal – ao mesmo tempo supinamente misterioso – com o qual convivemos, precisou aguardar o desabrocho dessa nova era para que se desenvolvessem as primeiras tentativas de permitir o registro eficaz do fenômeno. Contudo, antes mesmo que se tornasse viável enxergar repetidas vezes a mesma ação real, também surgia a vontade de *mover* os objetos inanimados, boa parte dos quais confinados dentro das fronteiras das artes plásticas, do desenho. Estranhamente, uma prática aparentada com aquela dos homens das cavernas. Dessa maneira, nascida do inconformismo e da pertinácia, despontou uma nova arte que veio a ser conhecida como *animação*.[4] Ou, se preferirem, a arte do movimento sintético:[5] inicialmente reduzida à pobreza franciscana de recursos dos brinquedos ópticos. E, no compasso da espera por uma revolução tecnológica mais profunda, obras dignas de nota aconteceram, meio esquecidas, talvez por seu sabor de tenra brincadeira. Como o Teatro Ótico de Émile Reynaud:

> Para projetar as imagens animadas sobre a tela, ele utilizava um "lampascópio" que criava o fundo e uma lanterna mágica suplementar para projetar as fases do movimento sobre a tela. A partir de 1892, ele pintava as imagens sobre tiras transparentes e perfuradas de celuloide e as projetava por trás da tela, ocultando assim, obviamente, o aparelho (CERAM, 1966, p. 207).

---

[4] Os termos *animação* e *animar* originaram-se da ideia de *dar alma* ou *vida* a alguma coisa. Embora aceitos universalmente, eles contêm uma imprecisão implícita, pois nem tudo que tem vida se move (como a maioria dos vegetais) e nem tudo que se move tem vida própria (como planetas e corpos sólidos em queda livre). Desde já, cabe apontar a diferença entre três conceitos, muitas vezes usados impropriamente como sinônimos: *animação* (arte de animar objetos e figuras estáticas, ou seja, desprovidas de movimento próprio); *cinema de animação* (a tecnologia cinematográfica empregada como suporte para a animação) e *desenho animado* (apenas uma, embora a mais conhecida, entre as inúmeras técnicas do cinema de animação).
[5] Termo forjado em analogia a *som sintético*, técnica utilizada por Norman McLaren para designar a criação de som, sem nenhuma fonte física real, por meio de padrões desenhados no espaço reservado à banda sonora da película cinematográfica.

Enquanto isso, poucas décadas antes da produção das bandas animadas utilizadas nos praxinoscópios e outros dispositivos semelhantes, uma invenção extraordinária encontrava-se na incubadeira. Entre chapas de cobre, câmeras escuras, lentes e drogas químicas, a *fotografia* estava evadindo a Caixa de Pandora da modernidade. Nomes como os de Daguerre, Muybridge, Marey, Niepce e tantos outros estavam envolvidos com o feito, sendo que vários deles sensibilizavam-se também com a ideia de imagens em movimento. Com a entrada em cena de Thomas Alva Edison, em 1891, e dos irmãos Lumière, em 1895, um ciclo se fechava; cumpriam-se as etapas decisivas do processo que daria início ao cinematógrafo; a união entre o novo invento e a fisiologia-psicologia inerentes à visão humana acabava de ser consagrada. Aqueles homens, com seus aparelhos muito mais sofisticados do que os primitivos dispositivos usados na síntese do movimento, favoreceram os primeiros passos da história meteórica do cinema, garantindo-lhe o definitivo assentamento como uma das mais significativas componentes das transformações sociais e políticas do século XX.

Então, assim imerso no clima da Revolução Industrial, em que antigos princípios éticos, morais e culturais estavam sendo constantemente questionados, o cinema acabou tomando parte ativa no fluxo fervilhante das mudanças do século; um fluxo autoalimentado em que a informação exerceu papel crucial. Portanto, torna-se extremamente difícil dizer se cinema é cultura ou comunicação e, muito mais difícil ainda, saber se o cinema simplesmente retrata a cultura de plantão ou se é essa cultura que determina os caminhos do cinema. De qualquer maneira, impulsionado pelo progresso tecnológico acelerado, o cinema fotográfico[6] pôde desenvolver-se rapidamente, a ponto de figurar com brilho entre as mais importantes e rentáveis indústrias do mundo contemporâneo. Muito mais ágil do que o cinema de

---

[6] O termo cinema fotográfico aqui será usado para distinguir o cinema de ação ao vivo ou cinema convencional do cinema de animação.

animação, esse cinema fotográfico adiantou-se na corrida pela conquista do público espectador. Enquanto a captação de cenas da realidade envolvente – documental ou encenada – acontecia em tempo real, o animador via-se obrigado a produzir uma sequência de dezesseis fotogramas para cada segundo de movimento que desejasse sintetizar.[7] E isso frequentemente lhe tomava um dia inteiro ou mais de trabalho.

Por isso, apesar de a animação ter servido de suporte para todos aqueles mecanismos primitivos, seu estabelecimento como forma de expressão autônoma e amadurecida ficou prejudicado. De cada cem filmes, um apenas, quando muito, podia caracterizar-se como produto do mais puro e legítimo cinema de animação. Desviaram-se, assim, as atenções dos estudiosos e pesquisadores para a outra face do cinema, aparentemente mais vital e sobretudo com uma perspectiva concreta de ocupar posições de destaque em uma sociedade lastreada na produção industrial capitalista, que continuava a cristalizar-se sob o diapasão do consumo, da massificação, das comunicações, enfim dessa modernidade incerta em que ainda estamos metidos. E a arte da animação, embora enriquecida com os recursos das técnicas cinematográficas, viu-se na contingência de continuar marchando à sombra da gloriosa Sétima Arte. Uma arte que, felizmente, em muitas ocasiões conseguiu alcançar a condição de arte de verdade, balizada por obras de grandes mestres que lograram eludir os interesses meramente mercadológicos.

Mas o animador faz parte de uma categoria de pessoas que não se deixa intimidar com facilidade. Ele é acima de tudo persistente e não consegue desistir dos sonhos: provou o sabor desses sonhos à luz dos primitivos desenhos animados de Émil

---

[7] Situação que só piorou com o advento do cinema sonoro porque, por razões técnicas, a velocidade da película na câmera e no projetor precisou ser aumentada de 16 para 24 imagens por segundo. Assim sendo, o animador viu seu trabalho aumentado em nada menos de 50%.

Cohl (*Fantasmagorie, Le ratapeur de cervelles*), das joias em movimento de Otto Messmer (*Gato Félix*), de Winsor McCay (*Little Nemo, Gertie the dinosaur*) e de David Fleischer (*Popeye, Gulliver, Betty Boop*) e pressentiu a existência de um universo prenhe de milagres, escondido entre sua prancheta de desenho e as lentes da câmera quadro-a-quadro especialmente concebida para ele. Dessa forma, o animador parte à caça de suas miragens, de suas utopias carregadas de símbolos, de metáforas, de efêmeras ilusões e de entranhados libelos críticos. Cria roteiros de filmes curtos em que, às vezes, cabem histórias tão cheias de conteúdo como aquelas racontadas pelo grande cinema: mensagens tão sintéticas quanto as próprias técnicas que viabilizam sua realização. Mas ele continua enfrentando o grande antagonista chamado *tempo*. E, como a ostra que gera a pérola para se defender do grão de areia, ele vai inventando recursos, macetes, truques para superar as limitações que o inimigo lhe impõe. Ele experimenta todas as possibilidades, trabalha com papel, com tintas de todos os tipos, com celuloide, com pequenos objetos inertes, com areias, com recortes de cartolinas coloridas, com luzes, com massas plásticas e até com pessoas de verdade – paradoxalmente –, para criar seus personagens de síntese.

Ao longo desse périplo, tantos nomes foram surgindo, vindos dos quatro cantos do mundo, e o elenco completo desses heróis das imagens em movimento perde-se nas brumas da memória. Todos, no entanto, estão caracterizados por um denominador comum: o empenho em uma metodologia de trabalho extremamente disciplinada e cujos fundamentos básicos encontram-se ancorados em instrumentos tão simples como pincéis e lápis escorrendo celeremente sobre as lâminas virgens de papel ou de celuloide. Trata-se de uma metodologia e de um instrumental que, em seu conjunto, constituem uma elegante tecnologia; um dos frutos mais refinados do engenho humano. Uma tecnologia posta em xeque pelos dígitos que hoje escorrem pelos computadores do mundo; que sofre a ameaça de ser atirada inexoravelmente nos abismos do esquecimento. Uma tecnologia efêmera que floresceu durante o hiato insignificante de cerca de um século. O século XX. O século do cinema.

Não obstante as dificuldades intrínsecas da arte da animação, houve um período em que o desenho animado[8] conseguiu erguer-se de sua condição de artesanato para atingir o privilegiado *status* de indústria. Tal feito deveu-se a um empreendedor chamado Walt Disney, criador de todos os personagens que povoaram a infância de gerações passadas: Mickey, Donald, Pluto, Pateta, Zé Carioca. E com seus longas-metragens animados, desde *Branca de Neve* até *A Bela Adormecida*, por algum tempo Disney reviveu o sonho adormecido nos *desenhos encantados* de Blackton.[9] Mas com que ônus o mago de Burbank realizou esse prodígio? No intuito de conquistar mercado, antigos contos de fada adquiriram o sotaque disneyano e voltaram-se para o público essencialmente infantil, afugentando os adultos que agora ficavam temerosos de serem flagrados nas salas de projeção em companhia de gente miúda. E as poucas tentativas de cativar esse público arredio produziram modestos resultados, como *Fantasia*.

---

[8] Nas técnicas de animação convencional, reconhecem-se dois métodos básicos de trabalho. Um deles é a *animação por deslocamento*, em que um objeto qualquer (um recorte de cartolina, um boneco de massa plástica ou mesmo um punhado de tinta) é deslocado quadro-a-quadro segundo uma trajetória bem determinada ou outro critério qualquer. O outro método é a *animação por substituição*, no qual as fases sucessivas do movimento (desenhos em papel ou celuloide) são preparadas *a priori* na prancheta do animador e substituídas, uma por uma, diante das lentes da câmera quadro-a-quadro. O *desenho animado*, cuja realização fundamenta-se na confecção de desenhos traçados e pintados em folhas transparentes, consiste em uma técnica tipicamente de substituição. Isso permite a conservação, eventual reutilização dos desenhos e reprodutibilidade das operações de filmagem. Tais fatores favorecem a ideia de que os desenhos animados poderiam ser concebidos em escala industrial.
[9] Referência ao filme *Enchanted Drawings* (1900), de J. Stuart Blackton, considerado o pai da animação americana. Esse filme foi realizado em associação com Thomas Edison.

Com o olhar sempre voltado para o futuro, são do próprio Disney estas palavras citadas por Charles Solomon:

> A televisão e as mudanças que ela trouxe para a indústria do cinema produziram um forte e novo estímulo para nossos esforços. Nós estamos capacitados para trabalhar mais próximos do apetite por entretenimento do público – muito mais próximos do que quando a maior parte da nossa produção consistia em desenhos animados e tinha que ser planejada antecipadamente às preferências do público e às condições futuras do mercado (SOLOMON, 1994, p. 183).

Do outro lado do Atlântico, a produção de filmes de animação artesanal continuara a evoluir em forma e conteúdo. Nas mãos de alguns autores ungidos com o estigma da genialidade, o cinema de animação alcançou finalmente o *status* de arte fina e sofisticada, enfatizando suas afinidades com as artes plásticas e a música. Com o alemão Oskar Fischinger (*Alegretto, Komposition in Blau, Wax experiments*) e seus poemas óticos, o cinema de animação atingiu níveis excepcionais de experimentalismo; com sua conterrânea Lotte Reineger, um grau de lirismo poucas vezes alcançado no cinema. Seu belíssimo e delicado *Prinz Achmed*, todo urdido em requintadas filigranas para cuja obtenção ela não usou mais do que um mero par de tesouras, foi filmado de acordo com um processo especial de sombras chinesas desenvolvido por ela mesma. Outro grande experimentalista, o neozelandês Lye, pode ser considerado o pioneiro da técnica de animação sem câmera – desenho realizado diretamente sobre uma película limpa –, e seu *Color Box* certamente se constituiu em fonte de inspiração para o discípulo McLaren. Seria impossível omitir aqui o nome do russo Alexandr Alexeieff – considerado por muitos como o Einstein da animação – e de sua companheira americana Claire Parker, criadores de um engenhoso sistema de produção de imagens que praticamente desapareceu com eles: uma dificílima técnica em que as figuras eram formadas a partir das sombras projetadas por pequenos pinos inseridos em uma tábua branca.

Uma noite no Monte Calvo, ilustrando uma composição musical de Mussorgski, é um magistral exemplo da obra do casal.

Mas a bênção do virtuosismo que se espalhou pela Europa em pleno vigor do século XX não passou ao largo dos países do Leste Europeu: da Hungria, Polônia, Bulgária, Romênia, e as antigas Iugoslávia, Tchecoslováquia, Alemanha Oriental e União Soviética fluiu uma enxurrada de filmes de animação realizados com extraordinário requinte técnico e prenhes de metáforas humanísticas, como os do polonês Jan Lenica e seu colega tcheco Jiri Trnka. Infelizmente, esse fluxo estancou com a queda do muro de Berlim, deixando no ar uma pergunta: qual teria sido o segredo de uma produção tão intensa, variada e cativante? Enquanto isso, em outros países, como o Japão e o Brasil, os filmes animados autorais só sobreviveram, de maneira incipiente, graças a alguns heróis que durante o dia buscavam seu sustento no cinema publicitário e à noite consumiam um pouco de sua *mais-valia* intelectual sonhando acordados; debruçados nas pranchetas.

Voltando à América, mais precisamente ao Canadá, vamos ao encontro de Norman McLaren, talvez o mais conhecido e premiado de todos os animadores. Depois de trabalhar em seu país e conhecer Len Lye, esse escocês acabou sendo convidado por John Grierson para unir-se à criação do National Film Board, em Montreal. Ao longo de sua carreira, McLaren retomou as experiências de alguns de seus antecessores, realizando obras antológicas: de Oskar Fischinger tomou emprestado os ensaios com som sintético (usado em muitos de seus filmes) e de Len Lye a técnica dos filmes sem câmera, dos quais *Blinkity Blank*, *Loops* e *Mosaic* são exemplos expressivos. McLaren tinha o dom de criar uma nova técnica para cada filme ou de tirar o máximo proveito de alguma outra já ensaiada. Em *Rythmetic* trabalhou com figuras de números recortados em cartolina, em *A Phantasy* compôs pinturas em pastel com recheio de surrealismo daliniano, em *A chair's Tale* e *Neighbours* animou atores de carne e osso.

Vislumbrando um futuro que batia à porta, no filme *Pas de deux* (talvez sua obra-prima) ele empregou a técnica da trucagem: uma técnica nascida no começo do século XX, nos galpões de trabalho do genial Georges Méliès,[10] e posteriormente desenvolvida a serviço do grande cinema fotográfico, tanto para marcar com alguns efeitos de pontuação a linguagem cinematográfica (clareamentos, fusões, escurecimentos) como para a produção de efeitos especiais óticos mais elaborados. Como de costume, nunca essa técnica havia sido antes usada com tamanho talento como em *Pas de deux*.

No National Film Board de McLaren repete-se de certa maneira o mesmo milagre dos países do Leste Europeu. Para entender isso, seria preciso relembrar o que foi já discutido, isto é, o enorme trabalho envolvido na criação de um filme de animação. A não ser no caso Disney e de outros estúdios norte-americanos de menor peso, nos quais um severo e disciplinado esquema industrial pôde ser montado tendo como uma de suas prioridades o rígido controle orçamentário, o cinema de animação só vicejou onde as circunstâncias favoreciam o subsidiamento estatal, principalmente da mão-de-obra. Foi o que ocorreu na Europa Oriental, onde o animador era, institucionalmente, apenas um funcionário público que fazia seu trabalho com a necessária paixão, mas sem se preocupar com o sustento. Talvez o salário fosse baixo, mas era certo e seguro. Assim, puderam florescer alguns pequenos paraísos do cinema de animação, espalhados aqui e ali. Condição semelhante encontrou nosso animador escocês, pois o estado canadense dedicava uma percentagem fixa de seu

---

[10] Embora Méliès não fosse exatamente um animador, seria impossível falar de cinema de animação sem mencionar esse gênio, a quem se deve uma extensa filmografia contendo *Le voyage dans la Lune*, *La conquête du Pole* e *Le voyage à travers l'impossible* como exemplos. A herança de Méliès se exprime em efeitos visuais, pouco levados em conta pelos estudiosos até o momento de ficarem atônitos e perplexos com o deslumbrante *2001 – Uma odisséia no espaço* (Kubrick, 1968), talvez o último filme a usar efeitos especiais em abundância convencionais, na história de todo o cinema pré-digital.

orçamento para subsidiar o National Film Board, permitindo que o gênio de Norman McLaren despontasse em sua plenitude.

Ao longo dos anos, essa dependência econômica do cinema de animação começou a pesar até nos cofres disneyanos, afrouxando a rigidez de suas regras e propiciando o aparecimento de novas organizações, novos concorrentes e marcadamente novos etilos de animar, como o da UPA – United Productions of America (*Mister Magoo, McBoing-Boing*). E a necessidade de mudar de rumo já se sente nas palavras de Disney, citadas por Robert Thomas, ao finalizar a produção de *A Bela Adormecida* (*Sleeping Beauty*, 1959):

> O futuro é sombrio. O maior inconveniente do processo é que tudo deve ser feito à mão. Isso conduz a custos surpreendentes. E como é necessário produzir novidades sem parar, sem reduzir a qualidade das produções, os erros são inevitáveis... e o menor deles custa uma fortuna (THOMAS, 1976, p. 179).

A realidade que invadiu o sonho

Em um esconso barraco de fundo de quintal dos anos 1960, John Whitney, seu filho Júnior e seu irmão James – apenas três de uma família de artistas – trabalhavam na construção de um estranho aparelho cheio de engrenagens que pareciam mover-se em desatino, descrevendo ciclos, epiciclos e gerando rosáceas pontilhadas de luz que iam sensibilizar uma película cinematográfica. Os três estavam empenhados em produzir automaticamente algumas imagens abstratas e geométricas que se moviam graças a um primitivo computador analógico. *Catalog, Lapis, Matrix, Mandala* e *Permutations* são apenas alguns dos títulos sóbrios dados a seus filmes, sempre compostos dessas estranhas luzes em movimento. Em 1958, em colaboração com Saul Bass, John Whitney chegou a realizar os créditos de abertura de *Vertigo*, de Alfred Hitchcock. Assim foi que, embora limitados em conteúdo, os esforços dos Whitney representaram os primeiros passos de uma nova tecnologia que sorrateiramente começava a invadir os estúdios de cinema.

Luciano Boi, matemático e filósofo italiano ainda desconhecido em nossas paragens mais eruditas, levanta a seguinte questão:

> Devemos resignar-nos a considerar a ciência unicamente como uma máquina que produz verdades ou fórmulas que funcionam? Não seria melhor entendê-la, tanto na teoria como na prática, como a procura incessante da inteligibilidade e da criação? (BOI, 2004, p. 1).

Durante os anos 1960 e 1970, essa dúvida já parecia preocupar o engenheiro Kenneth C. Knowlton, dos Bell Telephone Laboratories. Foram motivações desse tipo que induziram Ken, como era conhecido o jovem pesquisador, a criar Beflix, a primeira linguagem de computador para a produção de imagens estáticas ou em movimento. Ainda não passavam de imagens frias e chapadas, mas representavam um passo importante no percurso que se prenunciava. E foi ele quem assessorou artistas como Stan van der Beek e Lillian Schwartz na realização de seus filmes gerados digitalmente. Selava-se, assim, o primeiro abraço apertado entre a arte cinematográfica e a ciência, ou melhor, a tecnologia digital. Uma cumplicidade que dificilmente virá a ser desfeita no futuro.

Enquanto isso, o velho antagonista *tempo* continuava a atormentar o animador, mas isso nunca impediu que o lápis e os pincéis em suas mãos escorressem pelos quatro cantos das folhas de papel e celuloide, no fluir do movimento de seus personagens. No entanto, sua cabeça jamais conseguiu apartar-se do último sonho, aparentemente inatingível: a liberdade espacial, a tridimensionalidade que atribuiria caráter de realidade a seus objetos animados. Para entender melhor o que isso significa, tomemos uma quadro de Rembrandt, *Lição de anatomia*, por exemplo, e suponhamos que o mesmo seja visto através do visor de uma câmera. Todas as figuras estão lá, imóveis como é natural em uma pintura. Agora, vamos nos colocar na pele de um animador que gostaria de fazer com que a cena se movesse: um simples gesto de mão ou mesmo o descrever de um pequeno movimento de câmera dentro da cena pintada. Então, um único segundo de ilusão de movimento iria requerer do animador o esforço descomunal de criar nada menos do que 24 obras-primas como aquela, diferenciadas entre si apenas por ligeiras mudanças na posição dos personagens e nas nuanças dos claros e escuros da pintura original. Coisa de desanimar qualquer animação. Limitações óbvias como essa obrigavam o artista a ater-se ao espaço chapado das duas dimensões de sua prancheta – sem sombras, sem claros e escuros – todas as vezes que desejasse desenvolver livremente os movimentos de seus personagens ou alguma metamorfose alucinante. Diante disso, recorreu à animação com objetos sólidos sobre os quais podia usar refletores comuns para criar sombras e luzes a seu gosto. Inventou atores de massa plástica com estruturas articuladas e obteve alguns resultados[11] altamente satisfatórios. Mas a rigidez dos materiais tolhia-lhe a criatividade, confinando-a às duras leis do mundo físico.

É praticamente impossível apontar algum domínio do conhecimento ou atividade humana que ainda não tenha sido afetado, de maneira direta ou indireta, pelas novas tecnologias digitais. E, assim, mais alguns anos se passaram, uma infinidade de dígitos correram pelas máquinas que se tornavam cada vez mais velozes e aperfeiçoadas. Como uma fênix, os Estúdios Disney pareciam estar ressuscitando, mergulhados nesse fluxo de dígitos. Assim foi que Steve Lisberger dirigiu um longa-metragem (*Tron*, 1982) no qual pela primeira vez personagens vivos contracenavam com

---

[11] Não se pode deixar de dar especial destaque a duas obras magistrais de Tim Burton: *The Nightmare before Christmas* e *Corpse Bride*, conhecidos entre nós como *O estranho mundo de Jack* e a *Noiva cadáver*. O segundo, finalizado em 2005, talvez represente o último suspiro dessa difícil técnica.

objetos virtuais animados. Para a tarefa foi preciso recorrer em boa parte às antigas técnicas de trucagem – ainda presentes no panorama do grande cinema – em um processo técnico extremamente complicado e moroso que não atingiu os resultados desejados nos guichês das bilheterias. Apenas uma daquelas premonições do velho mestre: ainda faltavam algumas coisas para que o amadurecimento da tecnologia digital no cinema se completasse.

Em muitas outras ocasiões, o cinema fotográfico e o mundo da animação – digital ou não digital – encontraram-se, produzindo excelentes resultados. Nesse sentido, outro episódio digno de nota é o filme *Who framed Roger Rabbit*, dirigido por Robert Zemeckis em 1988. Nesse filme, personagens de desenhos animados famosos interagem com espantoso desembaraço com atores de carne e osso.

Quatro anos depois de *Tron*, um novo estúdio chamado Pixar Computer Animation Group produziu um pequeno filme, *Luxo Jr.*, realizado por John Lasseter, e que logo se tornou antológico. Aparentemente, esse curta-metragem revelou as possibilidades da computação gráfica para aquelas pessoas ávidas pela tridimensionalidade. Tratava-se de uma inocente historinha envolvendo duas luminárias, mas foi suficiente para arregalar os olhos dos animadores que não acreditavam no que estavam vendo: a realidade entrando em seus sonhos.

A perplexidade logo se transformou em ação, em praticamente todas as partes do mundo. Entre nós, um brasileiro chamado Clóvis Vieira decidiu esquecer as agências de publicidade que alimentavam seu estúdio e partiu para uma aventura sem retorno: a realização do primeiro longa-metragem totalmente gerado por computador. Dessa forma, alguns anos depois seu belo *Cassiopeia* estaria pronto. Mas, ao saberem do projeto do animador brasileiro e desejando arrancar-lhe o cetro, os novos mentores dos Estúdios Disney lançaram-se na corrida e, com o poder inelutável de seus recursos financeiros, conseguiram realizar *Toy Story*, lançando-o alguns meses apenas antes de *Cassiopeia* (1996). O filme de Vieira fora concebido com um roteiro simples e ingênuo, mas realizado com muita inteligência, porque seus personagens tinham aspecto de robôs flutuantes cujas expressões faciais muito limitadas eram tudo que o software Topas, utilizado na época, podia permitir.

Um fato interessante ainda merece ser observado em relação aos filmes de animação em que predominam os softwares em 3D. Da mesma forma como fez Vieira, os primeiros desenhos de longa-metragem desse gênero trabalharam com personagens que pouco movimentam a boca e as demais partes do rosto, como insetos, por exemplo. Isso porque os músculos faciais são os mais difíceis de sintetizar e só recentemente os programadores têm começado a obter alguns resultados satisfatórios. Um exemplo desse avanço, possível com novos softwares como o *Maya*, é *Final Fantasy*, realizado por Hironobu Sakagusshi em 2001. Nesse filme, todos os atores são virtuais, o que nos faz ironicamente pensar que o último integrante da trupe cinematográfica a perder o emprego será o ator, e quando essa perfeição for atingida, o diretor talvez se transforme em mero acionador de teclas. Mas, antes mesmo que isso aconteça, a computação gráfica já vem gerando uma dependência da qual o cinema dificilmente se livrará. Estamos acostumados a ver naves espaciais, dinossauros, homens voadores e tantos outros efeitos que com as antigas técnicas teriam custos inviáveis. No entanto, mesmo nos filmes menos fantásticos ou catastróficos, é raro dispensar-se algum efeito realizado em computação gráfica sutilmente incorporado ao roteiro e do qual o espectador comum não se dá conta. De qualquer maneira, toda essa parafernália vai de encontro ao desejo do público pagante, pouco sintonizado com as obras de mestres como Kurosawa, Fellini, Tarkovski, Antonioni, Bergman, Buñuel, Godard e outros que quase sempre dispensaram esses recursos para realizar seus filmes. Mas essa é a lei do mercado que vem marcando o cinema nos últimos anos: o cinema mudou de cara, esperemos que mude de novo.

Retornando à animação, é interessante notar que ela rompeu seus grilhões e teve sua revanche: facilitou o advento do cinema, foi passada para trás, mas hoje parece tê-lo aprisionado, bem como fez todo o vasto parque digital ainda em desenvolvimento. A animação ganhou sua ambicionada terceira dimensão, invadiu as salas de espetáculo e as telinhas domésticas com uma voracidade insuspeitada e desmembrou-se como um polvo que, com um tentáculo, atende as carências do cinema e com os demais desenvolve suas linguagens multiplicadas e enriquecidas (incluindo internet, games etc.).

Em vista disso, espera-se que a animação, o cinema de animação, o desenho animado e o movimento sintético, agora potencializado com uma sorte de magia que Méliès jamais teria imaginado, comecem a merecer um pouco mais da atenção dos pensadores que ainda se preocupam com a natureza do conhecimento e com os destinos da espécie humana.

Referências bibliográficas

BOI, L. (2004). *Magazine on European research*; philosophy, art and science. <http://ec.europa.eu/research/rtdinfo/special_as/article_819_en.html>. (Acessado em 28.9.2007.)

CERAM, C. W. *Archeologia del Cinema*. Milano: Mondadori, 1966.

LUCENA, A. Jr. *Arte da animação*; técnica e estética através da história. São Paulo: Senac, 2002.

MACHADO, A. *Pré-cinemas e pós-cinemas*. Campinas: Papirus, 1997.

SOLOMON, C. *The history of animation*; enchanted drawings. New York: Wings Books, 1994.

THOMAS, R. *Walt Disney*; the art of animation. New York: Hastings House, 1976.

CAPÍTULO 4

Entretenimento e cibercultura: o que os mundos virtuais *Second Life* e *Stars Wars Galaxies* nos ensinam sobre a *primeira vida*?

SIMONE PEREIRA DE SÁ
LUIZ ADOLFO DE ANDRADE

Qual importância dos jogos eletrônicos para a cultura contemporânea? Um dos expoentes em pesquisas relacionadas à cibercultura, Steven Johnson, destaca em sua última obra (2005) a relevância dos games para o aprendizado de certas competências cognitivas. Refutando argumentos de que o cérebro humano só acompanha o que é mais fácil de compreender, o pesquisador afirma que nossa cultura exige capacidades de cognição cada vez mais complexas; e que o videogame é ao mesmo tempo um exemplo e uma ferramenta para o desenvolvimento dessa complexidade.

Longe de caminharem rumo à simplicidade, o que se vê nos games é exatamente o contrário. Em alguns exemplos, o jogador deve brincar de recriar a história econômica e tecnológica do homem, por meio de simulações feitas em ambientes digitais bem resolvidos, por exemplo. E essas habilidades aprendidas nos games parecem passar "do jogo à vida", borrando as fronteiras tradicionais entre diversão e trabalho e chamando a atenção para a centralidade da cultura do entretenimento na atualidade.

A presente reflexão busca contribuir para esse debate, corroborando os argumentos de Johnson. Entendemos que os games, ao mesmo tempo que movimentam a economia digital, representam uma vertente complexa da cultura do entretenimento na contemporaneidade. Dessa forma, atualizam a célebre frase de McLuhan (1979) de que "o meio é a mensagem", uma vez que, menos do que novos conteúdos, o que eles expressam, traduzem e nos ensinam é como lidar com algumas das tendências da economia e da cultura em sua fase informacional.

São algumas dessas tendências – articuladas à noção de sociedade da informação – que gostaríamos de discutir, a partir de dois exemplos de nossas pesquisas: o game MMORPG *Star Wars Galaxies* (*SWG*) e o ambiente virtual *Second Life* (*SL*).

Apresentando os mundos virtuais

O MMORPG (*Multiuser Massive Online Role Playing Games*) é um formato recente de jogo eletrônico que nos parece bastante expressivo do argumento de Steven Johnson. Esses games, inspirados no modelo introduzido pelos RPGs (*Role Playing Games*), disponibilizam complexos *mundos virtuais* (cf. CASTRONOVA, 2001) em que múltiplos usuários interagem através da internet.

Inserido nessa categoria, o game *Star Wars Galaxies* tem como proposta a recriação de um universo virtual que busca simular a atmosfera dos filmes de *Guerra nas Estrelas*, tornando assim realizável o desejo dos inúmeros fãs da marca *Star Wars*: experimentar, a partir de processos de imersão e simulação, a vida como personagem na galáxia concebida por George Lucas.

Tal como outros jogos do gênero, SWG caracteriza-se por um ambiente digital bastante sofisticado e bem resolvido, no qual os interatores são desafiados a praticar inúmeras atividades e simular experiências diversas a partir dos avatares.[1] Além disso, sua interface disponibiliza várias ferramentas para comunicação entre os usuários conectados durante o jogo – multiplicando as formas de troca de informação e contato a partir da noção de convergência de mídias.[2]

Idealizado por Philip Rosendale em 1991 e desenvolvido por sua empresa Linden Labs, nosso segundo exemplo, *Second Life*, também apresenta um ambiente digital em 3D para ser explorado por meio de um avatar. Ambiente que, segundo dados da empresa, apresenta crescimento exponencial desde sua abertura ao público, em 2003, chegando, no momento, a ultrapassar a faixa dos dez milhões de usuários no mundo.[3]

Sem apelo temático, objetivos definidos ou combates típicos dos jogos de aventuras, o maior desafio de *SL* é – tal como em jogos como *The Sims* – o de construir e explorar o ambiente e se relacionar com outras pessoas. "Seu mundo. Sua imaginação" é o *slogan* desse mundo que pretende reproduzir, em suas interfaces, as cidades e bairros da "vida real", propondo aos usuários uma experiência de exploração e convívio social com a noção de imersão em uma "segunda vida", também vivida por meio do avatar.

---

[1] A palavra avatar, de origem hindu, significa, no contexto dos ambientes virtuais, "a corporificação do jogador na forma de imagem". Dessa maneira, o avatar "representa" o jogador.

[2] Em *Stars Wars Galaxies*, destacam-se os seguintes recursos: MSN, serviço de mensagens instantâneas; o fórum e o software *teamspeak*, que serve para comunicação oral entre os usuários. Além disso, apesar de não ser "oficial", o Orkut também funciona como um espaço importante de relacionamento, permitindo encontros entre *gamers* fora da roupagem utilizada no jogo, em que detalhes da "vida real" de cada um, tal como interesses e profissão, podem ser discutidos.

[3] Utilizamos dados de abril de 2008. Cabe observar que, desde o final do ano de 2007, as publicações especializadas especularam bastante sobre o pequeno "fôlego" desse ambiente para atrair novos usuários, sugerindo tratar-se de uma nova "bolha" do mundo digital prestes a explodir. Do nosso ponto de vista, essa especulação pouco altera o argumento, uma vez que nosso foco recai sobre o modelo de entretenimento que está sendo encenado – do qual esse ambiente é precursor.

Para iniciar o jogo, no caso de *Star Wars Galaxies*, após instalá-lo no computador, o usuário deve comprar o número serial ou *CD Key*, o qual será digitado na interface do game para acessar a disputa que fica hospedada na rede. Segue-se a escolha do avatar e do nick – o apelido que será usado pelo jogador –, configurados a partir de opções disponíveis na interface do game.[4] A partir daí, o usuário pode jogar a qualquer momento, em qualquer lugar, bastando que o game esteja instalado em uma máquina conectada à internet.

No caso de *Second Life*, o mundo virtual pode ser acessado a partir do acesso ao site (www.secondlife.com) e preenchimento de dados básicos na página inicial. O acesso se dá de forma gratuita. Entretanto, é com a conta Premium (de 9,95 dólares mensais) que o avatar desfruta de todos os privilégios do ambiente, tal como o direito de ocupação de terrenos e entrada em certos ambientes, por exemplo; enquanto, se optar pelo acesso gratuito, terá que conseguir dinheiro (o linden dólar) para "viver" nesse mundo.

O interesse dos usuários brasileiros por sites de relacionamento – a partir do sucesso do Orkut entre nós – impulsionou o desenvolvimento de uma interface específica para o Brasil (http://www.mainlandbrasil.com.br) na qual os comandos iniciais e os tutoriais estão em português.

A partir desta sumária descrição, temos já algumas pistas que merecem exploração.

A primeira delas diz respeito à noção de "cultura do acesso" (RIFKIN, 2001) que esses ambientes propõem e como ela se relaciona à noção de sociedade da informação (cf. ANDRADE, 2006).

---

[4] Para comprar a *CD Key* e as mídias, o usuário deve recorrer ao comércio eletrônico pelo site oficial do jogo ou em lojas virtuais especializadas. No entanto, muitos jogadores preferem copiar os CDs e comprar apenas a *CD Key* – pagando as mensalidades no cartão de crédito ou através de intermediários que vivem no exterior. Neste último caso, o "produto" – o software – é dispensado e o serial enviado por e-mail, tendo por contrapartida a transferência bancária do valor solicitado pelo "agente".

Um segundo aspecto que nos chama a atenção é o da imbricação entre esses mundos virtuais e a economia e a cultura do mundo "real" – e isso, pelo menos, de duas maneiras complementares.

No caso do *Second Life*, a economia e a cultura – na forma de ONGs, universidades e grandes companhias tais como Adidas, CNN, IBM, entre tantas outras – estão fincando suas barreiras, ocupando territórios e desenvolvendo produtos específicos para o ambiente. Dessa forma, se seu avatar gostar de música, por exemplo, pode assistir a um *show* do U2, que fez um concerto lá em 2006; frequentar uma *rave* com DJs "de verdade" – que dão assim visibilidade ao trabalho que produzem, dançar axé ao som da banda Eva e até frequentar um ambiente que simula o Posto 9 ou ir a uma favela carioca.

Por outro lado, o comércio ligado à "vida" dos personagens – grifes de roupas *fashion* para os avatares, certas ferramentas – já transbordou para ambientes "reais" e podem-se comprar esses elementos em sites de comércio eletrônico.

Da mesma maneira, a estratégia de "subir de *level*"[5] em jogos tais como *SWG* – que supõe investimento em horas de jogo

---

[5] *Level* é uma unidade que quantifica as habilidades do avatar e que progride a partir da experiência no jogo. É um indicador que, no caso de *SWG*, fica à mostra na parte superior da tela, tal qual um *cartão de visita* sobre a cabeça dos avatares, encontrados no interior do ambiente. Força, habilidade ou conhecimento refletem o sentido de *level*. Ou seja, à medida que o interator vai jogando, explorando o ambiente de *SWG* e interagindo com os elementos desse cenário, cumprindo missões e sendo remunerado, seu indicador vai aumentando-refletindo um ganho que pode ser monitorado na tela. Por exemplo, no caso de um avatar na forma de guerreiro *Jedi*, ele não inicia o jogo com todos os poderes e armas que esses cavaleiros possuem nos filmes. À medida que se torna mais capacitado (ou *inteligente*) e desenvolve novas habilidades (como andar despercebido, fazer uso mais adequado da Força etc.) o *level* vai tornando-se mais alto.
Subir de nível ou *level*, no MMORPG, portanto, significa que o avatar está "aprendendo" mais sobre seu ofício e, de certa forma, sobre o mundo que o cerca – ou seja, está adquirindo conhecimento. Os avatares com indicador baixo se apresentam como adversários mais *fáceis* de vencer, pois *conhecem* menos sobre a disputa. Em *Galaxies*, os jogadores com nível máximo afirmam-se como referenciais para os novatos, sendo constantemente chamados para as missões mais difíceis porque têm

a fim de que se adquira conhecimento e habilidades – pode ser abreviada, no caso de usuários impacientes, a partir do comércio de avatares nesses sites.

Finalmente, caberia indagar que tipo de experiência está em jogo, uma vez que nos dois exemplos não há objetivos previamente definidos, nem uma história a ser acompanhada e desvendada. Se, no caso de *Star Wars Galaxies*, há ainda a proposta de "missões" que são planejadas e desenvolvidas pelos jogadores (tais como invadir um dos mundos de *Guerra nas Estrelas*; atacar outros componentes etc.), a proposta de *Second Life* é totalmente aberta, sem nenhum desafio proposto de antemão. Explorar mundos, simular ambientes e criar comunidades são os desafios maiores desses ambientes, que parecem assim atualizar e/ou potencializar valores das comunidades virtuais, tais como cooperação, afeto e reciprocidade, combinando-os com a lógica mercantil que é hegemônica no jogo.

São essas as questões que vamos discutir nas próximas páginas, tendo por fio condutor o debate sobre algumas tendências da sociedade da informação. Nosso objetivo, pois, é articular essas tendências aos objetos em foco e compreender de que maneira elas iluminam a compreensão de aspectos da cultura do entretenimento na atualidade.

Jogos e sociedade da informação

Primeiramente, caberia observar que os dois exemplos confirmam a noção de sociedade da informação (cf. CASTELLS, 1999; HARVEY, 1993) – entendida como o momento do capitalismo

---

mais conhecimento, ou seja, são guerreiros mais bem preparados para enfrentar desafios complexos.
Em determinados momentos, esse conhecimento transborda do cenário do game para outros ambientes do meio digital, como o fórum, onde os jogadores com maior conhecimento – exibido nas postagens – se destacam.

em que os bens e serviços "imateriais" valorizam-se perante as mercadorias. Nessa sociedade, a venda de experiências culturais é um traço distintivo, radicalizando o processo que Rifkin (2001) chama de "cultura do acesso".

Conforme observa Fontenelle (2004, p. 192), comentando as ideias do autor,

> caminha-se para o ponto no qual já não seja mais preciso adquirir o produto; ou seja, a experiência torna-se o único produto. Talvez isso tudo tenha começado porque muitos dos produtos culturais não possam ser "experienciados". Mas, agora, esse princípio estendeu-se para os mais diferentes e inusitados campos da experiência social, embora só pareça atingir seu ponto alto mediante o suporte das novas tecnologias da informação, na medida em que, nesses casos, é que começa a se dar, de fato, a passagem da economia de mercado para a economia do acesso.

Rifkin (2001) e Fontenelle (2004) discutem a questão no contexto de uma crítica ao capitalismo em sua fase informacional. Consequentemente, apresentam uma leitura negativa desse processo que, no caso de Fontenelle, articula-se à matriz frankfurtiana sobre a indústria cultural. Cabe assinalar, portanto, que fazemos aqui uma apropriação desse diagnóstico da cultura do acesso – que nos parece arguto – para fins confessadamente divergentes, uma vez que nossa perspectiva distancia-se da matriz antes mencionada.[6]

A característica ressaltada reflete a principal inovação introduzida no cenário econômico dos games por jogos tais como os que estamos analisando: a tecnologia típica desses dispositivos sugere que o usuário pague um preço para ter acesso à informação. Dessa maneira, a mídia que acolhe o jogo, e que antes permitia a interação plena do usuário com o sistema, agora

---

[6] Não cabe, obviamente, nos limites deste texto, um debate com a perspectiva frankfurtiana. Para tal, ver, entre muitos outros, Shusterman (1998).

somente serve para que os dados sejam inseridos na memória da máquina – para que seja possível *acessar* a informação oferecida pelo game, ressaltando a função da assinatura mensal. Nesse caso, é possível apontar uma inflexão da antiga relação cliente-produto para outra, a servidor-usuário dos tempos na internet.

O ponto que nos interessa enfatizar é que, a partir da ideia de venda do "acesso à experiência", a indústria do videogame encontra uma boa saída para a pirataria que assolava seus negócios até os anos 1990.

Nesse tipo de atividade, a mídia pode ser pirateada à vontade porque não funciona sozinha. Para conseguir jogar, o usuário deve pagar uma taxa mensal ao servidor responsável pelo gerenciamento do sistema, ficando claro que o que está sendo vendido é a experiência do jogo e não um produto "fechado".

Esse redirecionamento da indústria dos games confirma e populariza uma tendência importante do capitalismo em sua fase *informacional*. Nesse caso, a informação passa a ser o produto mais valorizado, ocorrendo uma desmaterialização dos bens (cf. ANDRADE, 2005).[7]

Trata-se, assim, de uma importante estratégia, ainda pouco compreendida por outros circuitos da cadeia do entretenimento – como o da música ou do cinema – que timidamente experimentam novas formas de comércio para além de produtos "fechados", preferindo combater a pirataria a partir de argumentos éticos de legitimidade duvidosa junto aos usuários.

---

[7] Essa á principal inovação identificada por Hermano Vianna no formato de *Everquest*, um dos MMORPGs de maior sucesso no mundo. Para conseguir jogar, cada usuário deve pagar uma mensalidade no valor de US$ 12 à SOE, além de ter o jogo instalado na máquina. O antropólogo enxerga a primeira lição ensinada pelos MMORPGs – "eles encontraram um antídoto muito eficiente contra a pirataria" (VIANNA, 2004, p. 2). No mesmo artigo, Vianna afirmou ter visitado um encontro dos jogadores de *Everquest*, em Chicago, Estados Unidos, onde pôde conferir pessoalmente que o game dispõe de um total de 500 mil assinantes, muitas vezes 300 mil deles jogando simultaneamente.

O segundo aspecto, descrito por Castells (1999), refere-se à penetrabilidade dos efeitos dessas novas tecnologias. A informação é parte integral de toda a atividade humana, todos os processos de nossa vida coletiva são diretamente moldados, embora com certeza não determinados, pelos meios e ambientes tecnológicos, e é isto que esse tipo de mundo virtual oferece: processos, inseridos em um ambiente virtual, análogos a outras práticas da vida cotidiana.

Isso significa compreender, por um lado, que a partir dos jogos desenvolvem-se "competências cognitivas" que se tornam úteis para as mais diversas atividades da vida cotidiana – desde alterações corporais ligadas ao domínio da coordenação motora até certas competências visuais ou de raciocínio.[8] E, por outro, que a centralidade do lúdico como linguagem transborda dos games para contaminar as mais diferentes esferas da atualidade borrando as fronteiras entre "real" e "virtual". Essa parece ser uma das principais razões do fascínio provocado pelo *Second Life*: ele desafia publicitários, *designers*, estilistas, educadores e tantos outros grupos a desenvolverem linguagens e produtos específicos que sejam adequados ao ambiente. Mas, ao mesmo tempo, o conhecimento adquirido nesse ambiente transborda em direção à "vida real". Seja o conhecimento que advém da visibilidade de marcas, ideias e processos; seja o entendimento do que é o conhecimento por simulação, que supõe uma dimensão táctil adquirida a partir da imersão do avatar no ambiente.

A terceira tendência refere-se à lógica de redes presente em qualquer sistema ou conjunto de relações que usam essas novas tecnologias de informação. Nesse sentido, os dois exemplos

---

[8] Sobre as competências cognitivas, caberia recorrer à palestra do pesquisador Vinicius Pereira no evento File Rio 2007, que mencionou relato dos pesquisadores Green e Bavelier (2003), publicado na respeitada revista *Nature*, constatando uma ampliação da capacidade de visão periférica em jogadores de videogame.

ressaltam essa característica, uma vez que cada um deles é constituído por um sistema informacional, organizado em rede, que pode abrigar milhares de usuários conectados, participando da experiência a partir de qualquer parte do mundo.

Desdobrando a premissa, cabe destacar a característica de flexibilidade dessas redes – não apenas os processos são reversíveis, mas também organizações e instituições podem ser modificadas e até mesmo fundamentalmente alteradas pela reorganização de seus componentes. Em *SWG*, vários processos podem exemplificar a afirmação. No caso de uma *guilda*[9] necessitar de alguma modificação no espaço do jogo – abrir caminhos para chegar a novos ambientes, mudar a estrutura inicial de uma cidade etc. –, é permitido um contato do grupo com a equipe que desenvolve o jogo[10] para sugerir alterações no sistema; e, uma vez aprovada a solicitação, os administradores fazem uma reconfiguração no sistema em função do pedido. No caso de *Second Life*, temos uma estrutura ainda mais flexível, uma vez que o maior desafio para o usuário – e parte maior do prazer da experiência – é o de participar da construção desse mundo que é aberto, maleável e flexível.

A quarta característica do paradigma da tecnologia da informação é a crescente convergência de tecnologias específicas para um sistema altamente integrado. Hoje em dia, a maioria dos meios de comunicação – telefonia, fotografia, vídeo, correio etc. – está disponível no formato digital. Dessa maneira, webcams, fóruns, MSN, chats, tutoriais, mapas e gráficos, que podem ser acessados a partir de teclas e comandos específicos, e ainda o recurso a comunidades no Orkut são algumas das ferramentas que podem ser acionadas a cada momento de um

---

[9] Grupo de jogadores desenvolvendo uma missão em conjunto.
[10] Que os jogadores de *SWG* costumam chamar simplesmente de *devs*.

jogo cuja plataforma é o computador conectado à internet, complexificando a experiência de participação.

Em *SWG*, por exemplo, quando o jogador pressiona a tecla "esc", a interface do game mostra um menu contendo serviços que variam desde uma espécie de jornal informativo ao sistema interno de e-mails. Em outros momentos, ele utiliza-se do chat para se comunicar com outros companheiros. Em *Second Life*, o princípio também se atualiza com clareza. Janelas para chat, possibilidade de comunicação oral, mapas e gráficos, entre outros recursos, acompanham o usuário em suas explorações.

Dentro desse cenário, caberia ainda destacar o lugar central da noção de consumo participativo, que se refere às formas de entretenimento que convidam o usuário a participar ativamente do processo (cf. THEBERGÉ, 1997, pp. 252-253). Essa noção – comercialmente traduzida como interatividade e que Aarseth chama de atividade ergódica – pode ser pensada como central à experiência que está sendo discutida, uma vez que ela supõe um tipo de "esforço corporal" e de participação distinto daquele da cultura do entretenimento clássica, tal como a ida ao cinema. Explorar o espaço, aprendendo a navegar por ele, é um dos maiores prazeres da experiência nesses mundos virtuais. Assim, logicamente, a noção de espectador não mais se aplica, substituída pela de interator que produz intervenções no ambiente a cada movimento ou jogada.

Aprofundando a ideia, cabe observar que o convite à exploração do elemento arquitetônico ultrapassa a mera ocupação de um espaço. O ambiente *Second Life* convida o interator a "construir" objetos e cenários, para povoar o mundo, e a compartilhá-los com outros interatores.

Para entendermos esse processo, temos que nos remeter ao *prim* – conceito da computação gráfica 3D que se refere a sólidos geométricos "primitivos" tais como um cubo, uma esfera, uma pirâmide etc. (cf. GARZIA, 2007).

Tomando a explicação do autor como guia, temos então que

uma pessoa pode criar um prim e manipular suas características, tais como espessura, material, tamanho dos lados, como uma criança brincando de massinha e combinar os prims em estruturas mais complexas, assim como o famoso brinquedo Lego. Esses prims dão forma às estruturas criadas, desde prims pequenos que formam sapatos até prims maiores, utilizados para construir navios (GARZIA, 2007, p. 13).

Uma vez criados, os objetos podem ser "programados" a partir de linguagem de programação especial a fim de que adquiram funcionalidade – um relógio que mova os ponteiros e marque as horas, por exemplo.

A capacidade de criação é característica de todos os avatares. Entretanto, como a programação exige o aprendizado dos conceitos básicos – que podem ser adquiridos a partir de manuais e cursos gratuitos fornecidos pela própria empresa Linden Labs –, somente uma parcela pequena de habitantes dedica-se a essas atividades, especializando-se como criador de objetos que podem ser vendidos ou mesmo ofertados a outros avatares.

Essas criações, além de movimentar o mundo de *Second Life*, podem ser pensadas como formas legítimas de autoexpressão (cf. JOHNSON, 2001, p. 57). E a ideia de compartilhá-las com outros interatores nos remete a um ritual de sociabilidade também sugerida por Johnson num outro contexto: em vez de fitas gravadas, esboços ou fotografias, compartilhamos com outros um "ambiente virtual". Assim, "a arquitetura desse espaço virtual não configura a conversa – é um componente central dela" (JOHNSON, 2001, p. 57).

Finalmente, um último aspecto, fundamental para articular esses jogos à lógica do capitalismo contemporâneo, é perceber como seus criadores fazem uso da estratégia conhecida como "data mining" ou mineração de dados (cf. ANDRADE, 2007).

A operação consiste em um processo analítico, idealizado para a exploração de grandes bancos de dados em busca de informações que, dentre outras utilidades, podem determinar os perfis e afinidades de seus usuários, norteando as decisões das grandes empresas. O desafio para os gerenciadores e "desenvolvedores" de sistemas em rede é saber usar adequadamente esse aglomerado de informações para transformá-lo em conhecimento, que pode ser utilizado como parâmetro em suas próprias atividades comerciais ou ser vendido a grupos interessados.

Esse é um dos processos estratégicos para os criadores de sites de relacionamento tais como o Orkut, que têm em mãos um enorme banco de dados sobre as preferências dos usuários, e também para os "desenvolvedores" de *Second Life* e *Star Wars Galaxies*.

No processo de criação do *Create a Character*, por exemplo, em *SWG* – em que o usuário cria seu avatar – é obrigatório inserir informações para determinar etnia, raça, profissão, entre outras características do personagem. Essas informações ficam concentradas na rede, aglomerando-se em um banco de dados que pode revelar as preferências dos jogadores sobre o universo de *Guerra nas Estrelas* – quais os planetas mais visitados e procurados, os veículos mais usados, as armas preferidas, as roupas que os jogadores mais gostam de vestir, os personagens prediletos etc. –, determinando, assim, os rumos da produção das outras indústrias de George Lucas e orientando a empresa em futuros passos.

A sociabilidade nos mundos virtuais

Cabe acrescentar que os dois exemplos atualizam a discussão sobre comunidades virtuais e apontam para a centralidade da noção de sociabilidade dentro da cultura de entretenimento contemporânea.

A discussão sobre o advento das comunidades virtuais tem no relato de Rheingold (1993) um de seus marcos fundadores. Ao descrever sua experiência em um dos primeiros grupos identificados na rede de computadores – *The WELL (Whole Earth Letronic Link)* –, tornou-se um importante referencial nos estudos sobre as comunidades virtuais e a comunicação mediada por computador, tratando das implicações culturais presentes nesse novo meio de comunicação. Para o autor, assim como os aspectos geográficos e culturais são determinantes na formação dos grupos regionais, existem outros parâmetros que contribuem para a formação de comunidades na internet, tais como o interesse compartilhado. Nesse sentido, a rede mundial de computadores seria responsável pela aproximação dos usuários que, mesmo separados por grandes fronteiras no espaço físico, formam associações em torno de um tema em comum, através da internet:

> A maioria dos casos consiste em usuários separados geograficamente, muitas vezes reunidos em pequenos bandos e trabalhando de forma individual. São pessoas não de uma mesma localidade, mas que apresentam interesses em comum [...] CMC é um modo de encontrar pessoas, as quais você pode se associar em um patamar próximo ao nível percebido em uma comunidade [...]; entretanto, você pode conhecer pessoas que jamais encontrou no plano físico [...]; em uma comunidade virtual, nós podemos ir diretamente aonde nossos temas favoritos estão sendo discutidos e buscar informação com pessoas com as quais compartilhamos nossos interesses ou que usam palavras de um modo que achamos atrativo (RHEINGOLD, 1993, pp. 8-11).

Rheingold define que as comunidades virtuais são associações caracterizadas pelas longas discussões entre seus membros, em torno de um tema em comum. São fortemente carregadas de sentimento e afeto, permitindo relacionamentos até certo ponto íntimos, no ciberespaço. Nessas trocas, sobressai a ênfase no potencial afetivo da rede e nos aspectos de cooperação e apoio mútuo entre os participantes. Lévy (1999) também corrobora o argumento sobre as associações na internet, enfatizando a articulação entre desterritorialização e comunidade:

> Uma comunidade virtual pode organizar-se sobre uma base de afinidades por intermédio dos sistemas telemáticos. Seus membros estão reunidos pelos mesmos núcleos de interesses, pelos mesmos problemas: a geografia não é mais um ponto de partida nem coesão (1996, p. 20).

Os usuários que integram uma mesma comunidade virtual conversam diariamente, promovendo trocas simbólicas e ideológicas, porém seus laços não são criados por elementos de ordem geográfica – mas por causa de interesses compartilhados.

Nessas comunidades virtuais, segundo Rheingold, é possível apontar a existência de uma espécie de *contrato social* entre os participantes, que revela um sistema interno e recíproco de cooperação. O autor chama esse tipo de envolvimento mútuo de *Gift Economy*,[11] um regime de troca baseado na colaboração entre seus participantes, cujo elemento-chave é a *reciprocidade*. Nesse caso, segundo a perspectiva rheingoldiana, o conhecimento é o objeto de valor corrente no contexto das comunidades virtuais. Ou seja: quem demonstra ter mais conhecimento, quem consegue controlar a atenção e emoção dos companheiros com palavras escritas adquire certo capital simbólico junto ao grupo.

Essa discussão ganha força e atualiza-se a partir da web 2.0 – noção proposta por O'Reilly (2005) para identificar a segunda geração da web, caracterizada por um conjunto de práticas sociais permitidas por "softwares e recursos diversos da internet, que enfatizam a conexão, a colaboração e o compartilhamento de conteúdos na rede, além de ampliar os espaços para a interação entre os participantes do processo" (PRIMO, 2006, p. 1). "Arquitetura de participação", nos dizeres do mesmo autor, da qual a Wikipedia é talvez o exemplo mais popular nesse momento.

---

[11] Cf. <http://www.rheingold.com/vc/book/2.html>.

Na observação junto aos interatores de *SWG* e *Second Life*, essa discussão atualiza-se de maneira bastante expressiva. Pois o que foi observado – e que a própria denominação "jogo multiusuário" traduz – é que a experiência de jogar *SWG* só é possível a partir da criação de redes sociais colaborativas. Os desafios complexos do jogo só permitem avanços pela construção de uma coletividade *ingame* que reflete a lógica das comunidades virtuais supradiscutida.

No *Second Life*, por sua vez, ainda que o avatar possa flanar pelas cidades de maneira solitária, grande parte do prazer da experiência é conversar com outros avatares, participar de eventos coletivos e criar comunidades.

Entretanto, a especificidade dessas comunidades – em ambos os casos – é que elas ampliam as possibilidades comunicacionais para além da palavra escrita que marcou uma primeira fase da comunicação desses grupamentos na internet, enfatizando o que Rheingold chama de *playful communication*.

Analisando o software chamado *Habitat*, lançado no início da década de 1980 pela Lucas Films, Rheingold descreve o modelo que envolve dinâmicas corporais dos interlocutores da ação, no intuito de auxiliar na transmissão das mensagens; e demonstra como o software ajuda a elucidar as maneiras que o computador pode servir de suporte para as atividades cooperativas (cf. 1993, p. 158). Nesse domínio, os usuários utilizam seus avatares para estabelecer regimes comunicativos visuais, simulando os movimentos do corpo humano e usando um chat para interagir com os elementos que compõem o ambiente, dentre eles outros participantes. Essa forma de expressão vem sempre acompanhada de "gestos" executados pelo avatar, representando um tipo de *feedback* "não falado".

Diante de outros ambientes *multiplayer* de relacionamento humano existentes na época, dentre eles o *IRC* e os *MUDs*,

O *Habitat* se destaca pelo pioneirismo em simular expressões corporais para auxiliar nos processos comunicativos entre os usuários, oferecendo uma forma mais dinâmica e expressiva de interação, uma vez que o avatar evoca e representa visualmente o corpo humano.

Essa proposta, que na época não despertou maior interesse, parece ter sido reprocessada com o advento dos mundos virtuais aqui analisados, apontando para uma nova forma de *imaginar* as comunidades virtuais. Os avatares, mais evoluídos, podem realizar movimentos perfeitos, desde as expressões faciais até gestos do corpo. Enquanto conversam, no jogo, os heróis podem rolar no chão de rir, se abraçar, apertar as mãos, se beijar, levantar os braços pedindo calma etc.[12] Nesse sentido, as conversas se acompanham de expressões *corporais* dos avatares, no intuito de simular os efeitos dos diálogos face a face, estabelecidos no mundo real.

Passamos, assim, de uma primeira geração de comunidades virtuais – que foi denominada "comunidades da palavra teclada" (SÁ, 2005), uma vez que se baseava unicamente na troca de mensagens textuais, para essa segunda, marcada por um espaço arquitetônico e por avatares, e atravessado por convergência de mídias e *playful communication* – que parecem trabalhar em conjunto para o aumento da materialidade, da expressividade e da multissensorialidade da comunicação virtual.

---

[12] Essas ações acontecem mediante os comandos *hug* (abraçar); *salute* (saudar); *kiss* (beijar) etc. Um exemplo bastante inusitado dessas possibilidades é retratado na matéria da jornalista Kariny Grativol, para a revista *Criativa*. Intitulada "Quer transar comigo?", a jornalista relata a incursão de seu avatar no mundo de *Second Life* à procura de sexo e como os comandos acima descritos funcionaram, nesse caso específico (in: http://revistacriativa.globo.com/criativa/0,19125/ETT1617855-5458,00.htm).

Considerações finais

O advento da cultura do entretenimento na modernidade está intimamente associado ao surgimento dos meios de comunicação de massa – a partir do que Benjamin (1994) chama de reprodutibilidade técnica –, transformação do lazer em mercadoria, que Adorno (1985) chama de indústria cultural e que se traduz na oferta de produtos "fechados" prontos para consumo.

Esse processo ocorre no contexto do capitalismo industrial, consolidando assim a noção de lazer em oposição e complemento ao trabalho. Como ocupar o trabalhador nas horas "ociosas"? Como inserir a diversão na cadeia de consumo? Esses são alguns dos desafios enfrentados pela chamada indústria cultural, que se faz acompanhar de mudanças estruturais em diversas esferas da vida cotidiana, especialmente nas fronteiras entre o público e o privado, e entre trabalho e cultura, em oposição ao lazer.

Sobre as fronteiras entre o público e o privado, cabe observar que, por um lado, ocorre a consolidação de formas de entretenimento domésticas e privadas, mas que, ao mesmo tempo, trazem o mundo para dentro de casa, caracterizando a cultura do entretenimento como uma janela para o mundo. Por outro, nas formas públicas de entretenimento – teatros, cinemas – consolida-se uma atitude burguesa cuja tendência é a domesticação do público, traduzida em gestos tais como assistir ao espetáculo em silêncio, estabelecendo-se uma distância cada vez maior entre os artistas/atores e a plateia.

Dentro desse mesmo processo, a reflexão dominante sobre o entretenimento – sob forte influência do marxismo e da Escola de Frankfurt – vai percebê-lo como menor em relação ao mundo do trabalho e da cultura, estabelecendo assim uma distinção entre a cultura de elite e a cultura de massa – esta vista como "fácil, divertido, sensacional, irracional, previsível, padronizado" (GABLER, 1999, p. 14).

Que reconfigurações podemos perceber na atualidade, tendo em vista os exemplos analisados?

Primeiramente, caberia propor que a oposição entre trabalho e lazer – ou entre cultura e entretenimento – não se sustenta mais. Esse tipo de entretenimento torna-se, cada vez mais, a experiência pedagógica por excelência da atualidade. Jogos são, portanto, ambientes para o aprendizado de competências cognitivas; e o lúdico é um elemento fundamental da comunicação contemporânea em todas as esferas.

Além disso, em tempos em que a internet vem ganhando novas dimensões em termos de criação e acesso de conteúdo, é inegável a possibilidade de relacionamento pessoal e vida em comunidade nesses mundos virtuais que conectam múltiplos usuários. Nesse sentido, é notável que as experiências aqui analisadas vão muito além do ato de jogar, transbordando para a participação em fóruns, chats, conversas no MSN, encontros no Orkut, entre outras dinâmicas típicas da vida em comunidades virtuais. Dito de outra forma: cremos que a principal experiência proposta por *Second Life* e *Stars Wars Galaxies* é a de explorar mundos, simular ambientes e criar comunidades. Sem ignorar a dimensão econômica e sua inserção no capitalismo informacional, cabe ressaltar que a lógica que permeia essa vertente da cultura do entretenimento é, de um lado, a dimensão exploratória – que Johnson chama de qualidade táctil (cf. 2001, p. 160) – aliada à criação e participação; do outro, a possibilidade de interconexão com outros avatares/jogadores.

Finalmente, cabe concluir que nossa análise dispensa a premissa de que esses mundos servem como escape ou simulacro à vida real; ou que devem ser criticados por radicalizarem o fenômeno de "pseudoeventos", quando "a realidade é fabricada para a mídia" (BOORSTIN, 1992, p. 8); ou, na mesma direção, o que Gabler (1999) chama de "pseudovida" – que é a transformação da vida em espetáculo. Pelo contrário, acreditamos que a chamada "vida real" é – e sempre foi – um construto social, mediado, apreendido e representado pelas "tecnologias da inteligência" (LÉVY, 1995). E que ela se dá, na atualidade, em cidades cada vez mais porosas, marcadas pela imbricação com as tecnologias, especialmente na forma de mídias móveis ou locativas, que fazem parte da paisagem tanto quanto bois e cavalos compunham um quadro sobre a (idealizada) vida rural. A "Segunda Vida" propiciada pelos mundos virtuais e jogos é mais um elemento a compor essas paisagens fundamentalmente híbridas, produzindo realidades que nos desafiam à exploração e ao desvendamento.

Referências bibliográficas

AARSETH, E. *Genre trouble*. In: Electronic Book Review. S/l: S/ed, 2004. Disponível em: <http://www.electronicbookreview.com/thread/firstperson/vigilant>.

_____. *Cibertext*; perspectives on ergodic literature. Baltimore/London: The John Hopkins Univ. Press, 1997.

ADORNO, T.; HORKHEIMER, M. *Dialética do esclarecimento*. Rio de Janeiro: Zahar, 1985.

ANDRADE, L. A. de. *A corporalidade do RPG inscrita no design do jogo eletrônico*. In: *XV Encontro anual da Compós* (CD-ROM). Bauru: 2006.

_____. *A cultura do acesso*; uma experiência no mundo de *Guerra nas Estrelas*. Trabalho apresentado ao V Encontro Latino da Economia Política da Informação, Comunicação e Cultura (Enlepicc). Salvador: Universidade Federal da Bahia, 2005. Disponível em: <www.gepicc.ufba.br/enlepicc>.

_____. *A Galáxia de Lucas*; sociabilidade e narrativa nos jogos eletrônicos. Dissertação de mestrado defendida no PPG de Comunicação. Rio de Janeiro: UFF, 2007.

BENJAMIN, W. *Obras escolhidas*; magia e técnica, arte e política. São Paulo: Brasiliense, 1994. (Obras Escolhidas, v. 1).

BOORSTIN, D. *The image*; a guide to pseudo-events in America. New York: Vintage Books, 1992.

CASTELLS, M. *A sociedade em rede*. São Paulo: Paz e Terra, 1999. v. 1.

CASTRONOVA, E. Theory of the Avatar. *CESifo Working Paper Series* n. 863, 2003.

_____. On virtual economies. *CESifo Working Paper Series* n. 752, 2002.

_____. Virtual worlds: a first-hand account of market and society on the cyberian frontier. *CESifo Working Paper Series* n. 618, 2001.

FERNBACK, J.; THOMPSON, B. *Virtual communities*; abort, retry, failure? Disponível em: <www.well.com/user/hlr/texts/vccivil.html.1995>.

FONTENELLE, I. A. Mídia, acesso e mercado da experiência. In: *Contracampo;* dossiê 40 anos de understanding media. Revista do PPGCOM da Universidade Federal Fluminense. Niterói: Instituto de Artes e Comunicação Social, 2004. pp. 185-201.

GABLER, N. *Vida, o filme*; como o entretenimento conquistou a realidade. São Paulo: Companhia das Letras, 1999.

GARZIA, A. A. *Admirável mídia nova*; a nova cultura de *Second Life*. Monografia apresentada no curso de Comunicação da Universidade Federal Fluminense, sob orientação de Simone Pereira de Sá. Niterói: Iacs, 2007.

GREEN, S.; BAVALIER, D. Action video game modifies selective attention. *Nature* n. 423, 2003, pp. 534-537.

HARVEY, D. *A condição pós-moderna*. São Paulo: Loyola, 1993.

JOHNSON, S. *Surpreendente!* A televisão e o videogame nos tornam mais inteligentes. Rio de Janeiro: Campus Elsevier, 2005.

LÉVY, P. *Cibercultura*. São Paulo: Editora 34, 1999.

_____. *As tecnologias da inteligência*. São Paulo: Editora 34, 1995.

McLUHAN, M. *Os meios de comunicação como extensões do homem*. São Paulo: Cultrix, 1979.

O'REIILY, T. *What is web 2.0*; design patterns and business models for the next generation of software. O'Reilly Pub., 2005.

PEREIRA, V. A. *Re.Al – G.A.M.E.S.*; realidade alterada por gramáticas e ambientes das mídias de entretenimento e de sociabilidade. Palestra apresentada no evento File Rio – 2007. Centro Cultural Oi Futuro, Rio de Janeiro.

PRIMO, A. O *aspecto relacional das interações na web 2.0*. Texto apresentado ao XXIX Congresso da Intercom. Anais. Brasília: 2006.

RHEINGOLD, H. *Virtual communities*; homesteading on the electronic frontier. Reading: Addison-Wesley, 1993.

RIFKIN, J. *A era do acesso*; a transição de mercados convencionais para *networks* e o nascimento de uma nova economia. São Paulo: Makron Books, 2001.

SÁ, S. P. de. *O samba em rede*; comunidades virtuais, dinâmicas identitárias e carnaval carioca. Rio de Janeiro: E-papers Serviços Editorias, 2005.

SHUSTERMAN, R. *Vivendo a arte*; o pensamento pragmatista e a estética popular. São Paulo: Editora 34, 1998.

THEBERGÉ, P. *Any sound you can imagine*; making music/consuming technology. Hanover/London: Wesleyen Univ. Press/ Univ. Press of New England, 1997.

VIANNA, H. O jogo da vida. *Folha de S.Paulo*: Mais!, 2004.

CAPÍTULO 5

História em quadrinhos e mídia digital: linguagem, hibridização e novas possibilidades estéticas e mercadológicas

ROBERTO ELÍSIO DOS SANTOS

Introdução

Uma das características que acompanham as histórias em quadrinhos desde seu aparecimento é o fato de serem uma forma de comunicação visual impressa, tendo como suporte o papel. Narrativa gráfica sequencial, normalmente produzida segundo os imperativos da cultura midiática (consumo de massa, periodicidade, grande reprodutibilidade), desenvolveu-se com o aperfeiçoamento das técnicas de impressão[1] e popularizou-se com a disseminação das mídias impressas: já no final do século XV a chamada *Bíblia dos Pobres* – livro com as histórias bíblicas relatadas por meio de palavras e imagens – era um incunábulo xilográfico adquirido por aqueles que não dominavam a linguagem escrita e assimilavam o conteúdo por meio de *elementos pictóricos* (normalmente, desenhos) *justapostos sequencialmente* – conforme a definição de Scott McCloud (cf. 1995, p. 20).

---

[1] Waldomiro Vergueiro (in: CAMPELLO et al, 1998, p. 124) afirma que "a produção impressa reunindo elementos pictóricos e linguísticos apareceu juntamente com a imprensa, o que permite afirmar que as histórias em quadrinhos [...] foram se formando aos poucos, acompanhando o crescimento da indústria editorial de entretenimento".

Quando o jornal impresso se popularizou, no início do século XVIII, as "histórias ilustradas" ganharam espaço – sendo um exemplo as narrativas elaboradas pelo inglês William Hogarth. Na primeira metade do século XIX, as "estampas" – folha impressa apenas de um lado – abrigaram as narrativas sequenciais de diversos artistas europeus (como o escritor suíço Rudolph Töpffer e o desenhista e poeta alemão Wilhelm Busch).

A virada do século XIX para o XX assistiu à guerra empreendida por Joseph Pulitzer e William Randolph Hearst – proprietários de cadeias de jornais nos Estados Unidos – pelo leitor. E as histórias em quadrinhos faziam parte da munição empregada pelas empresas jornalísticas para ampliar seu público. Como resultado, surgiram, ainda na primeira década do século XX, os suplementos dominicais coloridos de quadrinhos (denominados *Sundays*) encartados nos principais periódicos norte-americanos e as tiras diárias (as *daily-strips*). Para negociar os direitos de publicação desses quadrinhos, inclusive no exterior, foram criados os *syndicates*.

As revistas de histórias em quadrinhos norte-americanas (os *comic-books*), por sua vez, só se desenvolveram a partir de 1933, quando o publicitário Max Gaines editou uma revista promocional para ser distribuída como brinde de final de ano para os clientes de uma empresa. Gaines comprou o direito de publicação de tiras de quadrinhos já editadas em jornais e as reuniu nas páginas de *Funnies on Parade*. O sucesso da empreitada o levou a perceber a existência de um mercado novo para os quadrinhos. Assim, no ano seguinte, ele lançou o título *Famous Funnies*, seguindo o mesmo modelo de coletânea de tiras. Logo, outras editoras surgiram e o aparecimento dos quadrinhos de heróis (Superman, Batman, Capitão América, entre outros) gerou o impulso necessário ao mercado editorial de revistas de quadrinhos. Além de super-heróis, os leitores encontravam nas revistas personagens cômicos, infantis e quadrinhos de terror ou histórias romanceadas.

Na Europa, no início da década de 1960, as editoras disponibilizaram no mercado, principalmente nas livrarias, os álbuns de quadrinhos – publicações que contavam com capa dura, lombada e papel de qualidade – que, ao contrário das revistas periódicas, poderiam ser colocados em estantes. Um quarto de século depois, as *graphic-novels* (histórias que contavam com inovações temáticas, narrativas, gráficas e estéticas) reafirmaram o *status* de "arte sequencial" – termo cunhado pelo quadrinhista e teórico norte-americano Will Eisner (1989) – conferido aos quadrinhos.

Como mostrado antes, a tradição da história em quadrinhos como produto gráfico, impresso, acumula cerca de cinco séculos. A partir dessa manifestação artística e comunicacional – que é, também, uma forma de entretenimento e, consequentemente, de negócios – organizou-se uma cultura dos quadrinhos (cf. PUSTZ, 1999) envolvendo pontos de venda (bancas, livrarias e *comic-shops*), convenções (que possibilitam o contato entre leitores, artistas e editores), elaboração de fanzines (publicações criadas por fãs), comercialização de produtos interligados aos quadrinhos (bonecos, videogames, séries de TV, filmes e desenhos animados), entre outras manifestações correlatas (colecionismo, crítica jornalística, publicações especializadas, premiações etc.).

Entretanto, no bojo da revolução digital que teve início no apagar das luzes do século XX, os quadrinhos passaram a contar com novos suportes, como o CD-ROM, e a serem forjados e difundidos pela internet. Mais do que uma mera mudança de suporte, o novo produto cultural que surge é um híbrido, mesclando a linguagem dos quadrinhos aos recursos técnicos dos meios digitais (som, movimento, interação do receptor, uso de barras de rolagem e links). A produção, a disseminação, a divulgação e o consumo de narrativas sequenciais passam a contar com novas possibilidades.

Há duas posturas teóricas divergentes a respeito desse fenômeno: de um lado, os entusiastas da inserção dos quadrinhos no ambiente digital como forma de enfrentar as periódicas crises de mercado e para fugir do controle exercido pelas grandes editoras, e, de outro lado, os que defendem a manutenção dos meios impressos e questionam os limites da tecnologia digital. A primeira parte deste texto será dedicada a essa polêmica. Em seguida, serão apresentadas as modificações na linguagem e na forma de fruição por parte do público leitor, a partir das experiências com quadrinhos realizadas com o uso das novas tecnologias (computação gráfica, suportes digitais). E, por último, as alternativas abertas pela internet para a veiculação e promoção da chamada Nona Arte.

O mercado editorial de quadrinhos

Uma das características do produto cultural história em quadrinhos é sua instabilidade do ponto de vista comercial. O mercado editorial de quadrinhos – inclusive nos Estados Unidos, país considerado grande produtor e disseminador da Nona Arte – vive momentos de intensa produção e consumo e situações de crise,[2] marcados pela queda nas vendas. No início do século XX, as tiras e páginas dominicais de quadrinhos ajudaram a aumentar a circulação dos jornais. Hoje, os veículos jornalísticos impressos dedicam um espaço mínimo a esse material.

No caso das revistas de quadrinhos, verificou-se uma grande expansão do mercado nas décadas de 1930 e 1940, com o sur-

---

[2] O caso brasileiro é paradigmático, uma vez que a economia do país é marcada por crises econômicas, pela alta taxa de desemprego e pela má distribuição de renda, fatos que se associam à educação ruim e à falta de hábito de leitura. Momentos de intensa produção de quadrinhos e de crescimento do mercado alternam-se a fases em que diversos títulos deixam de circular e editoras encerram suas atividades. Na década de 1980, por exemplo, diversas editoras de pequeno porte surgiram em São Paulo (Circo Editorial, D-Arte, VHD Diffusion, Vidente etc.), mas não conseguiram sobreviver à crise econômica, que só foi superada com o Plano Real, em 1994.

gimento de várias editoras e o lançamento de dezenas de títulos. No entanto, nos anos 1950, o mercado editorial de quadrinhos passou por sua primeira retração, devido à censura da Era Macartista que também atingiu as narrativas sequenciais impressas, especialmente as histórias de terror e policiais, ou por conta da repetição de fórmulas das histórias de super-heróis que levou ao desinteresse por parte dos leitores. Ainda assim, naquele momento, revistas de quadrinhos de humor (como a *Mad*), de romance (voltadas para o público feminino) e protagonizadas por personagens infantis ou provenientes dos desenhos animados (Mickey, Pato Donald e outras criações de Walt Disney e seus colaboradores) mantinham tiragens elevadas.

Com a retomada do quadrinho de super-herói na segunda metade da década de 1950 – iniciada quando o editor Julius Schwartz, da National Periodical (hoje DC Comics) relançou e modernizou personagens como o Flash e o Lanterna Verde e criou a Liga da Justiça, grupo formado por Superman, Batman, Mulher Maravilha e outros heróis da editora –, teve início a chamada Era de Prata, em que houve uma recuperação das vendas e um novo ciclo de expansão da produção e do consumo de revistas de quadrinhos.

A situação ganhou mais força a partir do lançamento do Universo Marvel pelo editor e roteirista Stan Lee, da Timely-Atlas (editora que se tornou a Marvel Comics, nome de sua primeira publicação de quadrinhos, surgida em 1939), responsável, ao lado do desenhista Jack Kirby e outros artistas, pela criação do Quarteto Fantástico, Homem-Aranha, X-Men, Hulk e a volta de Namor e do Capitão América. Mas essa fase de crescimento arrefeceu em meados dos anos 1970. Na década seguinte, a publicação das *graphic-novels*[3] – fato que contribuiu para rea-

---

[3] Edições voltadas para o público adulto, com histórias inovadoras dos pontos de vista temático, estético e narrativo, que conseguiram espaço nas prateleiras das livrarias, como já havia sido feito na Europa com os álbuns de quadrinhos. Dentre os

proximar os leitores mais velhos dos quadrinhos – aqueceu as vendas novamente. Com o surgimento da editora Image Comics, em 1992, houve uma explosão de consumo de revistas de quadrinhos levando alguns títulos a vender mais de um milhão de exemplares (*Spawn*, por exemplo).

Essa euforia, contudo, seria seguida por uma nova retração do mercado, cujas causas podem estar na especulação (investidores que compram muitos exemplares de uma determinada edição esperando que ela se valorize), no aumento do preço das revistas, no desinteresse do público pela mesmice das histórias, na invasão do *mangá* (quadrinho japonês) ou no aparecimento de outras formas de lazer (DVD, TV a cabo, internet, jogos para computador, MP3 etc.). A forma de distribuição das revistas e a política das editoras (concentrada apenas no leitor adolescente ou adulto do sexo masculino) podem ser fatores decisivos da nova crise.

Nos Estados Unidos, as *comic-shops*, criadas na década de 1970, tornaram-se os principais pontos de venda de publicações de quadrinhos. Ao longo do tempo, essas gibiterias tornaram-se referência para os leitores de quadrinhos ávidos por novidades. Além de publicações impressas, as lojas oferecem aos consumidores outros produtos relacionados (bonecos, DVDs, jogos, pôsteres, camisetas, entre outros). Nesses locais, o leitor também encontra outros aficionados, com os quais se identifica e interage, debatendo a qualidade artística dos lançamentos, trocando informações sobre uma determinada personagem, a cronologia das histórias ou a obra de um artista. Pustz (1999, p. 66) descreve o comportamento do frequentador:

---

principais títulos, destacam-se *Batman – O Cavaleiro das Trevas* (de Frank Miller), *Elektra assassina* (de Miller e Bill Sienkiewicz), *Watchmen* (de Alan Moore e David Gibbons), *A piada mortal* (de Moore e Brian Bolland), *V de vingança* (de Moore e David Lloyd), além de vários trabalhos do veterano Will Eisner, como *Um sinal do espaço*. Hoje, o termo *graphic-novel* se banalizou e é usado para designar edições de quadrinhos publicadas em formato livro, independentemente de seu conteúdo.

Alguns visitantes apenas passam os olhos – para verificar quanto que as revistas que liam quando crianças estão valendo, para relembrar de antigas edições [...]. Mas a maioria se torna um comprador assíduo [...]. Leitores de quadrinhos podem não ser o grupo mais demograficamente diverso de pessoas – [...] em sua maioria são jovens do sexo masculino.

Para se tornar frequentador de *comic-shops* é necessário, portanto, ter um nível econômico alto, uma vez que os produtos oferecidos (bonecos, edições de capa dura etc.) têm preço elevado. Mulheres, crianças e pessoas com renda limitada são excluídas desses espaços. Leitores eventuais[4] sentem-se desconfortáveis em um ambiente dominado por fanáticos sobre o assunto. As publicações vendidas nesses locais também refletem o perfil do público que os frequenta (notadamente consumidores de quadrinhos de heróis).

Nos anos 1990, a distribuição norte-americana de publicações impressas de quadrinhos (dominada principalmente pela distribuidora Diamond) voltou-se quase que exclusivamente para atender aos pedidos das gibiterias. Editoras pequenas, produções de artistas pouco conhecidos, títulos alternativos e histórias que não sejam protagonizadas por heróis uniformizados têm pouca chance de chegar até os leitores. Como consequência, há redução de leitores de quadrinhos, não-renovação do público, redução de tiragens e fechamento de lojas, gerando uma crise nessa área do mercado editorial.

Essa crise (do mercado editorial), verificada nos Estados Unidos e Inglaterra no final do século XX, motivou artistas e pesquisadores de quadrinhos a analisar suas causas e a propor alternativas para manter viável a produção de histórias em quadrinhos. Dentre as possibilidades vislumbradas, a utilização

---

[4] Vergueiro (cf. 2003, pp. 59-64) distribui os leitores de quadrinhos em algumas categorias básicas: eventuais, exaustivos, seletivos, fanáticos, colecionadores e estudiosos/pesquisadores, podendo haver mesclas de dois ou mais tipos.

da mídia digital (CD-ROM) e da internet passa a ser encarada como solução para contornar a política restritiva adotada pelas editoras, os altos custos de impressão, o desinteresse por parte dos leitores e os obstáculos para a distribuição e a divulgação do trabalho dos quadrinhistas.

Duas perspectivas teóricas

Em seu segundo livro sobre quadrinhos, McCloud (2000, p. 10) analisa a situação do mercado editorial de quadrinhos nos Estados Unidos:

> De 1994 a 1998, um grande número de varejistas norte-americanos de revistas de quadrinhos fechou suas portas. Muito do crescimento do mercado de quadrinhos tinha sido construído a partir de uma bolha de especulação, totalmente distanciada do conteúdo do trabalho ou até dos princípios mais simples da oferta e demanda. Quando essa bolha estourou, muitos fãs deixaram os quadrinhos de lado, esgotados da experiência. Os trabalhos mais inovadores [...] têm sempre correspondido a uma pequena fatia da indústria – mas no momento em que o mercado encolhe o mesmo acontece com essa mínima fatia, e muitos criadores já não conseguem sobreviver.

McCloud (pp. 10-11) identifica alguns pontos comuns compartilhados pela maioria dos artistas – tanto os que trabalham pensando no retorno financeiro, como aqueles que objetivam fazer uma obra artística: os quadrinhos "representam a vida, o tempo e a visão de mundo de seu criador; possuem propriedades artísticas que devem ser reconhecidas" da mesma forma que outras formas de arte (escultura e pintura); os criadores devem ganhar maior controle sobre suas criações, inclusive auferindo ganhos financeiros mais justos (direito autoral); "o negócio dos quadrinhos deve ser reinventado para melhor servir igualmente os produtores e os consumidores"; a percepção do público em relação aos quadrinhos deve ser modificada; o preconceito (inclusive acadêmico) precisa diminuir; os quadrinhos devem ampliar o espectro de seu público (não apelar apenas para adolescentes do sexo masculino); as minorias (raciais, étnicas etc.) devem estar presentes nas histórias; deve-se ampliar a diversidade de gêneros narrativos – e não apenas limitar as histórias às sagas de seres superpoderosos.

Na visão de McCloud, as novas tecnologias digitais podem ser usadas para fins artísticos, sendo decisivas para a produção e divulgação de quadrinhos, ajudando a superar os obstáculos atuais. O autor (cf. pp. 134-135) toma como verdadeiras algumas assertivas sobre as novas mídias: haverá aumento do poder dos processadores enquanto os preços caem; os equipamentos vão diminuir de tamanho; as conexões entre os computadores serão aceleradas; a tecnologia vai aprimorar a resolução dos monitores; haverá aumento e normatização do comércio eletrônico, assim como a proliferação de aplicações do computador. Ele salienta, ainda, o fato de as novas gerações crescerem totalmente à vontade com a mídia digital, entre outros pontos positivos no uso dessa tecnologia.

Com a superação das limitações que a mídia digital ainda apresenta (baixa resolução, preço alto e tamanho do equipamento, velocidade baixa, entre outras), McCloud acredita que o ambiente virtual é adequado para o desenvolvimento das histórias em quadrinhos. Em sua opinião (pp. 208-209), desde o início da década de 1990 as experiências de vários artistas com CD-ROM "deram um primeiro olhar sobre as possibilidades criativas da mídia digital", embora ainda ousassem pouco na utilização dos recursos oferecidos pela multimídia (adição de som, movimento e interatividade com o usuário), mantendo o mesmo formato e a mesma estrutura narrativa dos quadrinhos impressos. Mas, no final do século XX, essa situação foi se modificando, com propostas mais inovadoras e experimentais (que empregam imagens em 3-D, distanciando-se da imagem impressa bidimensional).

Quando a banda larga se popularizou, permitindo conexões mais rápidas e a transmissão de uma quantidade maior de informações, a internet se tornou o canal de veiculação de conteúdo multimídia já usado em CD-ROMs. Surgiram sites de artistas, que, segundo McCloud (p. 213), "preservam a natureza silenciosa e estática dos quadrinhos enquanto exploram outras capacidades da mídia digital". O hipertexto, característica da rede mundial de computadores, por exemplo, contribui para a interatividade do leitor com a narrativa. Para o autor (p. 227), "a navegação por uma série de painéis embutidos no painel anterior pode criar uma sensação de mergulhar mais fundo na história".

A visão desse teórico tem sido compartilhada e questionada por outros artistas e pesquisadores da área. Sua definição de quadrinhos (*elementos pictóricos e outros justapostos sequencialmente*) e, principalmente, a diferenciação entre forma e conteúdo – noções que fundamentam seu pensamento – geram debates. Para os críticos "essencialistas", como são chamados pelo quadrinhista norte-americano Dylan Horrocks (2001), os limites da definição de quadrinhos devem ser mais rígidos do que apregoa McCloud:[5]

> O essencialismo, portanto, tende a privilegiar convenções que aparentemente refletem a suposta "essência" da "forma", e desencorajam técnicas ou experimentações que transgridem as supostas fronteiras entre as formas. Em sua postura dogmática, o essencialismo expressa uma obstinação de ver o meio (ou a forma) permanecer segregado e uma crença de que quando elementos de um [meio ou forma] adentram outro, eles de alguma forma o "sujam", diminuindo sua pureza. Sugere-se que a "missão" de cada forma é exprimir o potencial de seu exclusivo "poder intrínseco" – o de fazer a coisa que só aquela forma

---

[5] McCloud comete um equívoco ao chamar a história em quadrinhos de mídia, quando, na verdade, ela é um produto cultural inserido em um determinado meio de comunicação (jornal, revista, álbum ou em uma mídia digital), tendo como suportes o papel, o CD-ROM e a tela do computador.

pode fazer e que qualquer "miscigenação" da forma reduz seu poder e a impede de realizar sua missão.

Outro ponto de discordância refere-se à utilização da mídia digital para superar a crise do mercado editorial e como forma de desenvolvimento artístico dos quadrinhos, como defende McCloud. O teórico inglês Roger Sabin, por exemplo, contesta esse postulado. Partindo da situação verificada na indústria de quadrinhos, Sabin (in MAGNUSSEN e CHRISTIANSEN, 2000, p. 44) considera que *essa é uma crise comercial, não artística*, como prova o trabalho inovador de artistas reconhecidos como Chris Ware e Joe Sacco. Mas a redução dos lucros das editoras leva à experimentação de possíveis soluções rápidas, sendo a internet uma delas.

Contudo, Sabin (pp. 44-46) critica a ideia de ver a mídia digital como uma panaceia milagrosa para os males que afligem o mercado editorial de quadrinhos:

> Os argumentos relativos à rede têm se centrado nos *net comics*, e podem ser resumidos dessa forma: nós estamos no meio de uma revolução tecnológica, e um dia as pessoas vão ler quadrinhos na tela do computador tão naturalmente como fariam com uma publicação impressa hoje. E, como consequência, quadrinhos impressos serão redundantes [...]. Na realidade, os quadrinhos já estão em todos os lugares da rede. Todo grande editor, por exemplo, possui um site. Além disso, há pequenos editores e autores com seus sites, assim como outras empresas usam quadrinhos em seus sites em campanhas publicitárias.

Embora considere a internet uma ferramenta poderosa, Sabin (cf. p. 46) considera que ambos os meios – digital e quadrinhos [impressos] – podem compartilhar suas propriedades. Mas eles possuem outras características que os tornam únicos, e que não são intercambiáveis. Para o autor inglês, o problema com o entusiasmo dominante pelos *net comics* é que ele se baseia em falsas assertivas, sendo a primeira delas uma definição de histórias em quadrinhos muito maleável, principalmente a proposta por Scott McCloud em seu primeiro livro (1995), que vê os quadrinhos como um mapa temporal. Segundo Sabin (cf. p. 47), trata-se de uma definição muito ampla, podendo, por meio dela, atribuir a qualquer narrativa que utilize imagens sucessivas o nome de história em quadrinhos. Ainda segundo ele (cf. p. 48), a definição de quadrinhos empregada por McCloud é uma tentativa de dar a eles uma respeitabilidade a partir de seus antepassados (tapeçarias, murais etc.) e de sua inserção na cibercultura, que aponta para o futuro.

A segunda falsa assertiva, na visão de Sabin (pp. 49-50), pressupõe que, uma vez que os quadrinhos funcionam na página impressa, vão automaticamente funcionar na internet. No entanto, o autor pondera:

> De maneira simplista, os quadrinhos [impressos] funcionam porque eles são "convenientes". Podem-se ler quadrinhos em qualquer lugar: eles são extremamente portáteis, e não fixos em um determinado lugar. Um computador, entretanto, é raramente uma dessas coisas. Por exemplo, apesar de ser possível, não levamos um computador conosco em um ônibus. Igualmente, os quadrinhos permitem uma comunicação imediata; a internet nem sempre.

Sabin também considera que os quadrinhos "funcionam" porque são baratos, enquanto os computadores e a conexão com a internet ainda têm preços altos para a maior parte da população – e o autor não se refere a países de Terceiro Mundo, mas à Inglaterra. E acrescenta (p. 51): "Isso significa que os quadrinhos [impressos] são democráticos, enquanto a internet não é". Do ponto de vista da qualidade estética, Sabin (pp. 52-53) percebe uma série de novos problemas em relação às novas mídias:

> Para começar, ler na tela [de computador] significa uma diferença na maneira como nós atualmente "vemos" os quadrinhos. Quando lemos a página impressa, a luz reflete nela para chegar aos olhos; entretan-

to, a tela de computador é iluminada por trás, com a luz brilhando diretamente no olho.

Outros pontos salientados por Sabin dizem respeito à perda de certas *qualidades sensuais* inerentes ao meio impresso (tato, cheiro) quando da transposição para a mídia digital. Essa *experiência sensual* faz parte da leitura da história em quadrinhos impressa: "Nós lemos – ou melhor, usamos – os quadrinhos de um jeito físico (nós pensamos neles como sendo bidimensionais, mas de fato eles existem em três dimensões)". Outro problema estético apontado pelo autor é que, ao serem transpostos para a tela do computador, os quadrinhos são tirados de sua "integridade estrutural" tradicional. O pesquisador britânico enfatiza que até "os quadrinhos mais simples usam a página como uma unidade estrutural [...], e os painéis [vinhetas] são desenhados para se relacionarem não só entre si, mas com a página como um todo". E conclui: "Tudo isso é perdido se os quadrinhos forem lidos aos poucos na tela [de computador] ou se você tem que rolar a página".

Podem-se agregar às críticas feitas pelo teórico britânico à transposição dos quadrinhos à mídia digital mais três questões. A primeira, relativa à fruição do leitor, complementa as afirmações de Sabin: além da ausência de sensações táteis e olfativas, o público precisa encontrar em meio a uma quantidade enorme de sites aqueles que disponibilizam quadrinhos. A segunda refere-se ao ganho dos artistas, uma vez que o retorno financeiro (publicidade, pagamento pelo download de conteúdo) é difícil – a empresa do editor e roteirista norte-americano Stan Lee que disponibilizava quadrinhos na internet fechou. E o terceiro aspecto envolve a preservação e memória dos quadrinhos: se o produto impresso é guardado em coleções particulares ou em instituições públicas (bibliotecas, gibitecas etc.), o mesmo não acontece com o material colocado na rede mundial de computadores. Quando um site é retirado da internet, a recuperação das informações torna-se uma tarefa complicada, se não impossível.

Ainda na opinião de Sabin (p. 55), "a emergência de um meio não leva necessariamente à extinção de outro". Ele acredita que a mídia digital pode contribuir para garantir a continuidade dos quadrinhos impressos, ressaltando "o papel que a internet pode desempenhar na distribuição de quadrinhos [...], envolvendo basicamente a divulgação e a venda de 'quadrinhos impressos' pela rede – em outras palavras, usando a internet como ferramenta de vendas". Assim, a despeito das divergências existentes nas concepções teóricas de Sabin e McCloud, ambos apontam para o uso das novas tecnologias digitais para o desenvolvimento artístico e comercial dos quadrinhos.

Histórias em quadrinhos e tecnologia digital

Na segunda metade da década de 1980 alguns artistas norte-americanos e europeus começaram a explorar os recursos abertos pela computação gráfica nas histórias em quadrinhos. As duas principais editoras de quadrinhos dos Estados Unidos, a Marvel e a DC, por exemplo, investiram em duas *graphic-novels* que incorporavam as possibilidades criadas por programas que permitem gerar, editar e tratar imagens: *O Homem de Ferro – Crash* (com roteiro e arte de Mike Saens e produção de William Bates) e *Batman – Digital Justice* (escrita e produzida por Pepe Moreno), ambas publicadas no Brasil pela Editora Abril. A segunda, além de imagens geradas digitalmente, apresenta uma trama ambientada no espaço virtual, ameaçado pelo vírus de computador Coringa (um dos principais antagonistas do Homem Morcego).

Artistas independentes também adotaram a tecnologia digital na produção de quadrinhos. Henrique Magalhães (2005, pp. 33-34) constata que, com os programas gráficos cheios de recursos e ferramentas, os fanzines com sua estética tradicional de recortes e colagens vieram a dar lugar a publicações que apresentavam uma programação visual mais limpa, aproximando-se da estética das revistas de mercado e, em alguns casos, criando novas feições que seriam depois utilizadas pelas publicações comerciais.

Ainda de acordo com Magalhães (cf. p. 35), o computador logo deixou de ser apenas um instrumento para a produção de fanzine e se tornou seu próprio veículo. Esse pesquisador localiza em 1995 o momento em que as produções independentes [brasileiras] começaram a explorar as muitas possibilidades da informática. Na mesma época, o uso da internet se disseminava no país, o que determinou a criação de fanzines virtuais ou e-zines, mantendo as características dos fanzines impressos (contando com posições individuais ou de grupos sobre assuntos culturais e políticos), mas sendo feitos para veiculação na web.

No que tange à internet, Magalhães (cf. p. 39) afirma ser a facilitadora de uma nova onda de cartunistas que criam seus sítios e blogs para divulgação de seu trabalho. Na visão do autor, o dado relevante a se notar é o estabelecimento de uma eficiente rede de contatos pessoais promovida pela agilidade da internet. E salienta que, com o intercâmbio possibilitado pela rede mundial de computadores, o meio independente tem amadurecido com vistas à formação de um mercado paralelo (cf. p. 40).

Entretanto, esse pesquisador adverte que a rede eletrônica tem limitações (pp. 46-47):

> Um dos limites é a ainda baixa velocidade de transmissão de dados, que obriga os programadores visuais a utilizar o mínimo de imagens ou reduzir sua resolução ao máximo. Quanto menor o tamanho da imagem, mais fácil será sua transmissão e a abertura das páginas na tela do computador.

[...] Por outro lado, dada a fadiga que a leitura na tela do computador provoca, os textos normalmente tendem a ser curtos, sintéticos, apresentados em pequenos blocos e com informações esquematizadas. Dessa forma, não é adequado reproduzir um fanzine impresso no meio eletrônico, mantendo-se sua diagramação e densidade gráfica. A saída tem sido a busca de um formato próprio para a edição desses fanzines. Cada novo meio traz consigo uma série de possibilidades que podem e devem ser exploradas tendo como meta a criatividade e a eficiência do processo de comunicação.

A internet tornou-se um fator importante para a divulgação de quadrinhistas novos, principalmente para aqueles cujos trabalhos não se encaixam nos parâmetros estéticos e temáticos das editoras comerciais. Segundo Magalhães (cf. p. 63): "Toda uma onda de novos autores surgiu com a expansão de acesso aos microcomputadores e ainda mais com o advento comercial da internet". Criar um e-zine ou um site pessoal para disponibilizar textos e histórias em quadrinhos – até como uma forma de portfólio eletrônico – pode ser um modo mais simples, barato e rápido de expor opiniões e narrativas sequenciais do que fazer uma publicação impressa.

Atualmente, além de e-zines, existem sites que disponibilizam histórias em quadrinhos digitalizadas – inicialmente impressas ou que foram produzidas com a intenção de serem publicadas no suporte papel –, de quadrinhistas que apresentam mostras de seus trabalhos (e até permitem o download de histórias), de editoras de quadrinhos – a Editora Abril possui inclusive uma loja virtual que permite a compra de seus produtos –, de lojas especializadas, de gibitecas, de centros de pesquisa acadêmica (como o do Núcleo de Pesquisa de Histórias em Quadrinhos da Escola de Comunicações e Artes da Universidade de São Paulo), de informação jornalística a respeito de quadrinhos (Universo HQ, Blog dos Quadrinhos da UOL etc.), de relacionamento entre fãs e colecionadores (chats e listas de discussão) e de artistas que criam suas histórias para serem acessadas na internet.

Ilustração 1 – Página do *Projeto HQMente*, realizado por Gazy Andraus, que usa links e se encontra disponível em: <http://www.geocities.com/gazyandraus/projeto_hq_mente1.html>.

Esses quadrinhos feitos para a internet (*netcomics* ou *webcomics*) devem conjugar, para Withrow e Barber (2005, p. 10), duas propriedades: "Entrega e apresentação por uma mídia digital ou uma rede de mídia eletrônica digital, e incorporação de princípios de design gráfico de justaposição espacial e/ou sequencial, interdependência de palavra-imagem". Esses autores definem esse novo produto cultural (*webcomics*) como histórias em quadrinhos que podem ser lidas na rede mundial de computadores, mas que, em seu desenvolvimento, estreitam os laços com a animação digital e os games on-line:

> Em outras palavras, *webcomics* existem como código binário e podem ser armazenadas como arquivos digitais e transferidas de pessoa a pessoa por uma rede digital de equipamentos, como computadores on-line, PDAs e telefones celulares.

A tela de computador exige formatos diferentes dos da tira e da página de uma revista ou álbum de quadrinhos, motivando os artistas a inovar na maneira de apresentar ou encadear as imagens das narrativas sequenciais. Da mesma forma, as histórias passam a incorporar recursos da mídia digital (colorização, som, movimento e efeitos, como a fusão de imagens e ilusão de espaço tridimensional), modificando do ponto de vista estético a história em quadrinhos e levando à criação de uma nova obra, que mescla a linguagem dos quadrinhos com a da animação e dos games, resultando em um produto híbrido.[6]

Nesse sentido, o quadrinhista e pesquisador brasileiro Edgar Franco (2004, p. 146) identifica "os principais elementos agregados à linguagem tradicional dos quadrinhos" que podem ser encontrados nas "HQs hipermidiáticas": "Animação, diagramação dinâmica, trilha sonora, efeitos de som, tela infinita, tridimensio-

---

[6] Conforme Magalhães (cf. 2005, pp. 30-33), outras formas híbridas resultaram de experiências realizadas a partir dos anos 1990 que misturaram a linguagem dos quadrinhos com as do rádio e do vídeo.

nalidade, narrativa multilinear e interatividade". Com a mudança de suporte (do papel para a mídia digital) e com a hibridização das linguagens da história em quadrinhos e da hipermídia, Franco (pp. 170-171) cria o neologismo "HQtrônicas" (tradução livre do termo norte-americano *eletronic comics*) –, "formado pela contração da abreviação HQ (histórias em quadrinhos), usadas comumente para referir-se aos quadrinhos no Brasil, e eletrônicas, referindo-se ao novo suporte" – para designar esse novo produto cultural. O autor salienta que essa designação leva em conta as histórias que "unem um (ou mais) dos códigos da linguagem tradicional das HQs no suporte papel a uma (ou mais) das novas possibilidades abertas pela hipermídia", excluindo, dessa forma, "as HQs que são simplesmente digitalizadas e transportadas para a tela do computador" sem utilizar os recursos da mídia digital.

Ilustração 2 – *Frame* da HQtrônica "Ariadne e o Labirinto Pós-humano", de autoria de Edgar Franco, veiculada em CD-ROM que acompanha o livro resultante de sua dissertação de mestrado.

Conclusões

Fenômenos que se vêm verificando há apenas duas décadas, a utilização dos recursos da tecnologia digital nas histórias em quadrinhos e sua inserção em suportes outros que não o papel ainda geram polêmica entre teóricos e artistas. No entanto, é possível fazer algumas constatações. Em primeiro lugar, se a mídia digital não soluciona inteiramente os problemas do mercado editorial de quadrinhos[7] (distribuição, renovação do público, políticas editoriais restritivas etc.), ela pode ter importante papel na divulgação da produção das editoras e do trabalho dos quadrinhistas (sejam eles veteranos ou iniciantes), aproximando leitores, colecionadores, criadores, pontos de venda e casas publicadoras. Do ponto de vista mercadológico, portanto, abrem-se novas perspectivas. A despeito dos problemas que a internet continua a apresentar (a saturação de informações na rede mundial de computadores que dificulta o acesso e a recuperação de dados, baixa resolução de imagens, velocidade de conexão, forma de remuneração dos artistas, preservação da obra), a hipermídia abre a perspectiva a jovens talentos e artistas independentes (em sites próprios ou e-zines) para mostrar histórias que dificilmente seriam impressas, principalmente pelas grandes empresas editoriais.

Outra constatação é de que o advento da mídia digital não significa o fim da mídia impressa (livro, jornal, revista, álbum): as histórias em quadrinhos impressas, com suas características intrínsecas, embora enfrentando crises de natureza econômica, não serão simplesmente transferidas ou absorvidas pela internet ou pelo CD-ROM. Mas, como McCloud (cf. 2000) mostra, o intercâmbio entre os quadrinhos e as novas tecnologias já é uma realidade. Do cruzamento de linguagens, surge um novo produto cultural (*netcomics*, *webcomics*, HQtrônicas ou qualquer outra denominação

---

[7] A superação dessa crise passa pela adoção de novas políticas editoriais, sistemas de distribuição mais eficazes e abrangentes, promoções, divulgação mais intensa, ampliação do público (investindo nos segmentos infantil e feminino) etc.

que recebam), que permite inovações estéticas e narrativas a serem exploradas pelos artistas, assim como novas formas de fruição por parte do público, com a introdução de maneiras diversas de interação do leitor com a narrativa sequencial.

Referências bibliográficas

EISNER, W. *Quadrinhos e arte sequencial*. São Paulo: Martins Fontes, 1989.

FRANCO, E. S. *HQtrônicas*; do suporte papel à rede internet. São Paulo: Annablume, 2004.

HORROCKS, D. Inventing comics: Scott McCloud's definition of comics. *The Comics Journal* n. 234. Seatle: Fantagraphics Books, jun./2001. Texto disponível em: <http://www.hicksville.co.nz/Inventing%20Comics.htm>. (Acessado em 1.8.2007.)

MAGALHÃES, H. *A mutação radical dos fanzines*. João Pessoa: Marca de Fantasia, 2005.

McCLOUD, S. *Desvendando os quadrinhos*. São Paulo: Makron Books, 1995.

_____. *Reinventing comics*. New York: Paradox Press, 2000.

PUSTZ, M. J. *Comic book culture*; fanboys and true believers. Jackson: University Press of Mississippi, 1999.

SABIN, R. The crisis in modern American and British comics, and the possibilities of the internet as a solution. In: MAGNUSSEN, A.; CHRISTIANSEN, H.-C. *Comics & culture*; analytical and theoretical approaches to comics. Copenhagen: Museum Tusculanum Press/ University of Copenhagen, 2000.

VERGUEIRO, W. Histórias em quadrinhos. In: CAMPELLO, B. et al (orgs.). *Formas de expressão do conhecimento*; introdução às fontes de informação. Belo Horizonte: Escola de Biblioteconomia da UFMG, 1998.

_____ et al. As histórias em quadrinhos e suas tribos. *Cenários da comunicação* v. 2, n. 1, São Paulo, Uninove, maio/2003.

WITHROW, S.; BARBER, J. *Webcomics*; tools and techniques for digital cartooning. New York: Ilex Press Limited, 2005.

CAPÍTULO 6

As políticas públicas de comunicação para o rádio brasileiro: regulação, digitalização e integração

André Barbosa Filho

Introdução

Nos últimos trinta anos, temos assistido ao crescimento da exploração dos serviços de comunicação audiovisuais e sonoros pela iniciativa privada. O evento tem sido observado em diversos países da Europa, onde, por décadas, o modelo de controle foi eminentemente estatal, principalmente em relação aos complexos de administração da criação, produção e exibição de ações para o rádio e a televisão.

A escolha europeia, em síntese, foi a de instaurar uma política pública de comunicação que, de imediato, fizesse frente aos altos investimentos do capital e acrescentar ao cenário midiático uma estratégia voltada para a manutenção do interesse coletivo (cf. PAULU, 1981). Entretanto, a observação dos resultados inerentes a esse esforço resultou, em alguns poucos casos, na manutenção de um sistema público de rádio e televisão atuante e, na grande maioria, na participação em alguns segmentos desinteressantes para o setor privado e, portanto, sem uma resposta de audiência significativa.

A máxima consagrada pelas democracias ocidentais quanto aos princípios essenciais da comunicação social diz respeito à liberdade de expressão, que, através do conjunto de normas jurídicas pertinentes, pretende assegurar ao cidadão, de forma indiscriminada, o direito à informação e à busca da verdade, sua realização pessoal, sua formação e o apoio ao conhecimento dos direitos e obrigações individuais, na tentativa de assegurar a todos uma sociedade justa e integrada, onde se persiga o permanente aperfeiçoamento das instituições (cf. VOGEL, 1994).

O aspecto fundamental desse processo de construção de ideias e atitudes reside na estrita observância de regras básicas de competitividade entre as empresas do setor, onde se estabeleçam critérios de equilíbrio de oferta e demanda, regulados pelo poder público e pelos grupos representativos da sociedade civil. Respeita-se aí a diversidade de opiniões e o direito ao controverso, mantendo limites ao acesso do capital estrangeiro e praticando a defesa da empresa de comunicação nacional no que se refere à intervenção espúria nos conteúdos de suas produções artísticas e na veiculação de mensagens jornalísticas (cf. LINS, 2002).

A nova estrutura de informação, assegurada pelo fenomenal avanço tecnológico, permite alcançar, em segundos, bilhões de pessoas simultaneamente, em todo o planeta. A linha de produção, dentro das modernas empresas de comunicação, é complexa e suas especificidades reclamam uma organização nas áreas administrativa, tecnológica e de recursos humanos, que representa para sua manutenção diária um gigantesco aporte financeiro, nem sempre disponível aos pequenos e médios empresários, aos sindicatos e às associações civis atuantes nos países em desenvolvimento.

Desse modo, podemos concluir que a dependência em relação às verbas publicitárias, à aquisição quase constante de instrumentos tecnológicos de produção e transmissão (fruto das transformações provocadas pela permanente mudança de sistemas de operação e programadas milimetricamente pelos fornecedores constituídos primordialmente por empresas multinacionais) e à consequente dificuldade da formação de mão-de-obra qualificada e permanentemente atualizada faz do radiodifusor nacional presa fácil do capital e de seus interesses (cf. BAGDIKIAN, 1993).

A tudo isso, soma-se a baixa oferta de frequências para o exercício das atividades ligadas à radiodifusão. Muito embora os novos serviços oferecidos como os sistemas a cabo, MMDS e satélites permitam pouco controle em relação à convivência de sinais, mesmo estes sofrem, por parte do estado, o cerceamento legal para obtenção das concessões.

Regulação do campo da radiodifusão

As formas de organização do mercado de radiodifusão no mundo ocidental se apresentam do seguinte modo:

- o sistema de radiodifusão privada, acrescido de pequena participação de mercado pela radiodifusão estatal oficial e de emissoras de caráter público;
- o sistema de monopólio estatal da radiodifusão, no qual é admitida, de modo incipiente, a presença de empresas independentes;
- o sistema misto, em que, em virtude da quebra do monopólio estatal, as emissoras sedimentadas competem abertamente com as operadoras privadas (cf. SQUIRRA, 1995).

A necessidade da regulação dos serviços de radiodifusão ganhou espaço em diversos países, após sua privatização, especialmente naqueles onde havia a prática do controle estatal dos sistemas de produção e transmissão de produtos audiovisuais radiodifundidos. O modelo norte-americano foi o escolhido como referência.

Nos EUA, as questões referentes à pressão da mídia pelo governo central em busca de divulgação de suas posições ideológicas ou administrativas e a compulsiva fixação das linhas políticas de orientação da opinião pública pelos proprietários dos veículos de informação aliam-se à coação dos anunciantes em direção aos veículos com o mesmo propósito, visando influir nas ações governamentais para obtenção de vantagens (cf. LINS, 2002).

Mas, por lá, tais relações são parcialmente resolvidas pelo mercado, obedecendo às diretrizes da livre competição, numa equação que reúne os fatores da defesa da livre expressão e da liberdade empreendedora, mesmo com a fiscalização pela Federal Communications Commission (FCC), o regulador do setor que limita a alocação de frequências e impõe normas e parâmetros técnicos de operação.

Na Europa, especialmente, na Itália, França, Alemanha e Inglaterra, o decantado processo de privatização, em alguns casos motivados pelo anseio dessas sociedades em quebrar o monopólio estatal através de transmissões baseadas no conceito da desobediência civil, gerou o fenômeno das "rádios livres". Também gerou distorções na relação do controle dos veículos, como no caso italiano, onde se estabeleceu um duopólio entre a RAI, estatal, e a rede do grupo Fininvest, de Berlusconi, consolidada pela legislação de 1990 (cf. FEDERCOMIN, 2002).

As regras dessa matriz reguladora foram montadas a partir de alguns conceitos retirados da prática cotidiana, respeitando questões operacionais, políticas e legais que podem ser descritas como se segue:

- Os veículos utilizam uma tecnologia de oferta restrita, como o espectro radiofônico, as estradas de informação alimentadas por fibra ótica, canais adjacentes de serviços de telecomunicação em ociosidade. O agente fiscalizador estabelece normas para a utilização desses recursos.

- Os conteúdos artísticos e informativos estão sujeitos à fiscalização, tendo em vista a defesa dos direitos patrimoniais dos autores das obras e textos e a proteção do indivíduo menor de idade, visando à preservação dos valores morais.

- Em razão da tendência da concentração do aporte de verbas publicitárias em alguns poucos veículos de maior penetração popular e da consequente formação de oligopólios, o agente regulador deve ter o poder de estruturar uma política de coerção a esses abusos, objetivando o equilíbrio da oferta de ideias, a diversidade de opiniões e a interpretação dos fatos, restringindo as tentativas insidiosas do controle informativo da opinião pública.

Tal regulação é realizada por agentes com características e poderes diferenciados. São exemplos, a administração direta pelo Estado ou por meio de fiscalização policial e a exercida por órgão regulador independente (cf. TEHRANIAN, 1990). Já no Brasil, a regulação das ações dos agentes de produção e da radiodifusão se dá através da administração direta, realizada pelo Ministério das Comunicações, em que a existência de um órgão independente tem importância reduzida, em razão de sua limitação como agente fiscalizador e normatizador dessas atividades.

No cenário mundial atual, um órgão regulador pode desempenhar funções específicas:

- A função de regulamentação – limitação sobre a propriedade de veículos, formação de grupos controladores, operação em rede, execução e fiscalização dos serviços.

- A função de administração do setor, estabelecendo regras para o uso dos recursos de transmissão, a escolha dos concessionários, a observância dos indicadores e as situações localizadas de mudança do regime estatutário das empresas etc.

- A função de controle, que estabelece critérios de verificação da qualidade técnica das transmissões, da gestão das empresas e dos conteúdos de programação.

- A função de julgamento e aplicação de penalidades, que inclui todos os procedimentos referentes à apuração, indiciamento e utilização de sanções (cf. LINS, 2002).

Uma questão a suscitar, atualmente, grande polêmica nas sociedades democráticas diz respeito ao controle dos conteúdos.

A aplicação de restrições aponta para algumas direções, tais como: a garantia da diversidade de opiniões, a proteção ao menor, o controle da violência e da pornografia e as limitações dos espaços reservados à publicidade e ao telemarketing.

No caso brasileiro, a ampla liberdade de expressão adquirida com a redemocratização traz em seu bojo restrições mínimas. As regras de limitação dos oligopólios estão restritas à limitação da propriedade de emissoras por pessoa física e por região, o que não restringe a formação de redes, o poder das empresas na exploração de suportes multimídia e a manutenção perene de índices absolutos de audiência.

Quanto à proteção ao menor, ao controle da violência e da pornografia, à inserção de espaços publicitários com divulgação de produtos perniciosos à sua formação, nosso país tem legislação semelhante à dos outros países ocidentais. Estabelece limitações de horário à exibição de programas de caráter erótico, proibindo também a veiculação de mensagens disseminadoras do uso do álcool e do fumo, agrotóxicos, medicamentos, armas e munições, pedofilia e divulgação de sorteios e prêmios pelo serviço de telemarketing durante a faixa de programação voltada para o público infantil.

Rádios públicas.
As possibilidades das redes comunitárias

A realidade da radiodifusão brasileira privada, conforme o exposto anteriormente, está à mercê das relações de mercado e submetida a restrições legais, cujo alcance tem, sem dúvida, parcos efeitos reais. A oferta de conteúdos sem o comprometimento com as respostas imediatas aos investimentos publicitários deve permitir a participação de agentes de modo a oferecer ao público uma visão multifacetada da realidade política, econômica e cultural. Deve, igualmente, estar ligada ao incentivo de propostas de atuação de sistemas públicos de radiodifusão, cujo posicionamento marque uma posição complementar à representada pela mídia comercial.

Assim, poderemos assegurar a manutenção de políticas de suporte à produção de conteúdos que atendam aos valores culturais e sociais e que representem as manifestações autenticamente populares, quase sempre ausentes da programação das emissoras privadas.

Essa ausência sempre vem justificada pelo argumento de que essas inserções não asseguram o nível de audiência que os patrocinadores necessitam para investir.

O que é paradoxal nessa análise é a verificação de que o sistema privado, tendo a criação de produtos sonoros e audiovisuais engessada pela ditadura dos índices das pesquisas de audiência, montou metodologias de auscultação dessa escolha. Isso acontece através de reuniões periódicas de mensuração de tendências, de pesquisas qualitativas, em que os referenciais de preferência são medidos através da captação da opinião de grupos de indivíduos que apresentem um discutível perfil sociológico comum e a partir da observação de conteúdos pré-produzidos e alimentados pelos interesses comerciais. E, desse modo, o que é autenticamente popular é substituído pelo popularesco, com a ingerência de uma oferta de programação artificial, licenciosa, preconceituosa e consumista, numa autêntica política anestesiante de dominação.

A informação dos fatos políticos e econômicos relevantes, cujo teor necessite do debate entre as partes envolvidas ou de um formato temático mais extenso e aprofundado para seu necessário conhecimento, em geral, recebe o desprezo das editorias das empresas de informação. Isso ocorre por não resultarem em manchetes que "puxem as vendas" ou que atendam a seus interesses, nem sempre transparentes.

Esses fatos devem estar presentes na oferta de programação de um sistema público, formado por redes integradas por emissoras educativas, universitárias, comunitárias e institucionais, conduzidas com esmero técnico e obediente a um processo semiótico concernente à aproximação do universo de conhecimento da população em geral. E, principalmente, numa proposta que privilegie a voz dos "locais", por meio da:

- oferta da formação permanentemente atualizada de jornalistas, radialistas e técnicos para atuação em suas regiões de origem, em parceria com as universidades públicas, centros de aprendizagem e sindicatos;
- montagem de núcleos regionais de produção e retransmissão de mensagens audiovisuais e sonoras de qualquer gênero, priorizando a demanda dos públicos respectivos;
- disponibilização dos meios de transmissão de sinais analógicos e/ou digitais, aproveitando e ampliando a estrutura da rede de radiodifusão institucional, como a Radiobrás, com a inclusão de emissoras públicas independentes, educativas ou universitárias, de pequeno porte e de baixa potência ou comunitárias;
- difusão dos variados e ricos acervos culturais e sociais presentes nas diversas regiões do país, dirigida à sociedade que os abriga, num processo de retroalimentação que permita sua permanência e valorização, através da ativa participação dos agentes sociais e da recepção desses conteúdos em canais locais públicos.

Além da realização de projetos de permuta de conteúdos com emissoras nacionais e internacionais, especialmente as iniciativas como a Rede Sur, projeto televisivo que soma esforços das emissoras públicas da Venezuela, Uruguai e Argentina, objetivando a transmissão de produções variadas e de interesse popular.

Esses conteúdos não são escolhidos, obrigatoriamente, pelo critério discriminatório dos ditos detentores do saber, desrespeitando-se aí o gosto popular, através da parcialidade preferencial pelo dito "bom gosto" baseada em valores culturais das elites, como tem sido, ao longo da história, a oferta de programação das rádios e TVs públicas brasileiras.

O público brasileiro em geral permanece – a se manter a atual oferta de conteúdos – apartado da produção, observação e reflexão de sua própria realidade. Isso tendo em vista os índices absolutos de audiência referentes às programações comerciais em rede, transmitidas dos grandes centros, onde se encontram os núcleos de produção e os grandes anunciantes, em detrimento da cobertura dos eventos cotidianos locais.

O investimento nessa nobre direção, aliado a um marco regulatório que permita a presença dos valores populares em nossos meios de comunicação sonoros e audiovisuais, é urgente e indispensável. Só assim será possível implantar políticas sociais necessárias para a conquista da verdadeira emancipação de todos os setores da sociedade brasileira.

Propostas de financiamento de um projeto público de comunicação social sonora e audiovisual

O estudo da obtenção de receitas que façam frente às despesas de custeio e investimento – necessárias à implantação e à manutenção de emissoras públicas de rádio e televisão – passa, inicialmente, pela definição das características e propriedades estatutárias dessas instituições e possibilidades de captação desses ativos.

As emissoras públicas brasileiras apresentam-se como:

- empresas estatais, ligadas à administração direta do Estado, caso da Radiobrás;
- empresas públicas, sejam as *fundações de caráter privado*, em que o Estado e representantes da sociedade civil dividem

o gerenciamento (exemplo da Fundação Padre Anchieta de São Paulo), sejam as associações comunitárias ou *fundações de caráter público*, que abrigam as emissoras educativas, além das emissoras universitárias, ligadas à estrutura das autarquias públicas de escopo educacional superior.

A programação das emissoras públicas, em geral, segue linhas de atuação definidas, tais como:

- divulgação de fatos e procedimentos de caráter público e governamental, nem sempre de forma independente e neutra;
- divulgação de programação de elite, voltada a temas eruditos;
- divulgação científica, debates, análises e estudos de casos, em espaços raríssimos;
- divulgação de programação educativa e de ensino a distância;
- programação infantil, com exemplos de grande êxito, inclusive na órbita internacional;
- dramatização, pequenas séries ou programas de esquetes;
- esportes, quase nunca voltados para desporto amador;
- espaços reservados à divulgação de programação local, de cultura popular e atividades comunitárias, além de programas com linguagem experimental.

A adoção de práticas de captação de recursos conhecida como "apoio cultural", além da utilização das legislações de incentivo à cultura, são formas de sustentação de custos operacionais, que se somam, muitas vezes, a subsídios oferecidos pelo poder público. Essas verbas têm, muitas vezes, caráter pontual, tornando-se insuficientes para a manutenção de uma política desejada de enfrentamento sadio com a iniciativa privada.

No mundo, a radiodifusão pública apresenta formas de financiamento diferenciadas, tais como:

- *Contribuições espontâneas*, como no caso das comunitárias e das rádios étnicas, na França e no Canadá, e de *campus*, ligadas a alunos de universidades em países europeus.

- *Subsídios*, como as rádios argentinas de fronteira, tais como incentivos fiscais para compra de equipamentos através da isenção de impostos, redução de taxas de fiscalização e de uso das frequências.

- *Contrapartidas*. Alguns países, em troca da implantação e da manutenção de emissoras de caráter público, atendem ao pedido de empresas para a obtenção de concessões em grandes centros.

- *Renúncia fiscal*. São concedidas isenções como compensação a empresas que invistam nas programações das rádios públicas. Em outros casos, admite-se essa aplicação como atividade típica de entidades sem fins lucrativos, viabilizando o custeio da empresa.

- *Aplicação direta de recursos públicos*. É o caso mais comum, inclusive nos EUA, Japão, países europeus e no Brasil.

- *Veiculação de publicidade*, modo que acaba recebendo críticas das empresas comercias congêneres que alegam competição desleal, assim como a desvirtuação dos princípios norteadores daquelas entidades sem finalidades lucrativas.

Hoje, com as restrições orçamentárias vigentes na economia de quase todos os países, com políticas de restrições de gastos e "enxugamento" dos investimentos, os exemplos de parceria com a iniciativa privada são pouco alvissareiros.

Na Itália e na França, as rádios livres, inicialmente clandestinas – isso antes das leis nacionais, como a do presidente gaulês François Mitterrand, que as alforriou no início dos anos 1970 –, atingiram índices satisfatórios de audiência. Entretanto, apesar de poderem optar por um gerenciamento submetido às leis de mercado, escolheram, sistematicamente, a gestão sustentada por recursos do poder público.

No Brasil, sem adoção de nenhuma política de sustentabilidade com apoio público, a roupagem comercial adotada pela maioria das emissoras de baixa potência, além do uso com finalidades religiosas, acaba por isolar as experiências genuínas, verdadeiramente comunitárias. São exemplos dignos de nota de um procedimento "verdadeiramente" comunitário:

- A emissora fluminense Pop Goiaba, que oferece programação alternativa ou com propostas legítimas de divulgação da cultura e da diversidade;
- a Rádio Constelação, de uma comunidade de deficientes visuais de Belo Horizonte;
- a Rádio Muda, da Unicamp, criada pelos alunos na tentativa de exercitar novas propostas de linguagem sonora, e
- a Rádio Heliópolis, fincada em meio à explosão populacional da favela Heliópolis, em São Paulo, e que, diga-se, recebeu em março de 2008 sua outorga como canal comunitário, o primeiro da grande São Paulo a ser concedido pelo Ministério das Comunicações.

São exemplos reais, concretos do que se pode fazer em prol da liberdade de expressão, da diversidade cultural e do desenvolvimento local através da ferramenta de radiodifusão sonora. Mas, entre as estimadas 14 mil emissoras não autorizadas e que transmitem em sinal de FM em baixa potência, elas são exceções.

O panorama hoje é sombrio. A pergunta que cabe é: de que forma podem ser construídas as regras do embate por uma comunicação livre, rica em expressividade, aberta a todos os tipos de intervenção?

Acreditamos que é necessário e urgente que o Estado brasileiro crie um marco regulatório para estabelecer as normas gerais e onde viceje a boa semente da liberdade e do acesso universal à informação.

O Grupo de Trabalho, criado dentro da esfera governamental em novembro de 2004, entregou relatório à Casa Civil da Presidência da República em 10 de agosto de 2005, com propostas de modificação na legislação atual e solicitando medidas urgentes e pontuais quanto à transformação em ações educativas da atuação da Polícia Federal e da Anatel em relação ao fechamento das emissoras sem autorização, conforme pedido do Presidente Lula.

Em nossa compreensão, urge a construção de uma política que culmine numa conferência nacional de radiodifusão comunitária em que se pondere sob as questões de ordem neste cenário de fundamental importância para elaboração de uma identidade coletiva através da comunicação popular.

O rádio digital

Entre todas essas questões de fundamental importância, surge outro debate essencial, este voltado para a inevitável introdução da digitalização. O rádio digital, já implantado em 35 países, atinge um número superior a 284 milhões de pessoas, recebendo as programações emitidas por mais 400 emissoras de rádio em receptores industrializados por mais de 22 marcas em todo o mundo (cf. NASCIMENTO, 2005). Ele oferece melhor qualidade sonora, inexistência de interferência, redes com emissoras na mesma frequência (redes de frequência única), rentabilizando o espectro radiofônico e permitindo a adição de textos, dados e até de imagens.

Este é um momento em que a convergência e a mudança de sistemas de transmissão, produção e recepção de sinais não podem ficar à margem da universidade e da análise crítica da opinião pública, pois terá, com toda a certeza, fortes implicações no projeto de emancipação da população brasileira em relação à sua inclusão digital apoiada nos instrumentos de comunicação contemporâneos.

O rádio digital abre oportunidades de criar/reconstruir textos e programas através da construção e desconstrução sonora no ambiente de rede, permitindo o acréscimo individual de novos conteúdos e sua circulação em tempo real. Ou seja, de casa ou de uma sala de aula, uma ou mais pessoas com computador e acesso à internet podem rapidamente planejar e editar programas, utilizando outros formatos disponíveis na rede.

Além de baratear os custos e dar mais agilidade e rapidez aos trabalhos, o rádio digital possibilita a recepção simultânea convivendo com a construção de acervos pessoais, conhecidos como *metadata* ou *podcasting*. Esses acervos serão de grande ajuda para a instalação de rádios comunitárias em diferentes regiões do país, permitindo a inclusão digital. Além disso, a utilização de informes em texto agregados à transmissão sonora poderá possibilitar a criação e desenvolvimento de novos ou híbridos formatos, que ultrapassem os conhecidos de até então, pensados diretamente pelos atores sociais envolvidos.

A instituição pioneira nos serviços de rádio digital foi a BBC de Londres, que desde 1995 utiliza-se do sistema *Digital Audio Broadcasting* (DAB) em rede nacional na Grã-Bretanha, como membro integrante do projeto Eureka-147, padronizado pelo *European Telecommunications Institute* (Esti). Esse sistema DAB, para transmissões na banda de FM, tem características *sui generis*, entre as quais a oferta de multisserviços, com a emissão de dados veiculados através de *display* de cristal líquido no receptor de rádio. Apesar de poder ser aproveitada na frequência mundialmente utilizada de 88 MHz a 108 MHz, o DAB é utilizado na Europa, Canadá e Austrália com frequências diferenciadas.

Uma vertente do sistema terrestre DAB é a que opera via satélite, conhecida como *Digital Satellite Radio* (DSR), em frequências regulamentadas pela *World Administrative Radio Conference* (WARC-92). No continente europeu duas empresas já estão operando pelo DSR, a Global Radio e a Alcatel World Space.

Outro sistema em operação na Europa é o *Digital Radio Mondiale* (DRM), administrado por um consórcio formado pelas rádios públicas europeias, como a Deutsche Welle, BBC, RTP, RAI, Radio France, além de governos como, por exemplo, da China e do Equador. O DRM foi oferecido na Europa como modelo em 1996, tendo o objetivo de recuperar a banda de AM, abaixo de 30 MHz. Em seguida, a faixa de OM também mereceu estudos e foi implantada nos países consorciados, tendo o sistema sido homologado pela União Internacional de Telecomunicações (UIT). Desde março de 2005, a DRM também passou a pesquisar resultados para banda de FM. Entretanto, a solução para FM está prevista apenas para 2009.

No Brasil, o DRM ensaiou testes em OM e OC baseado num acordo, até agora não finalizado, entre Radiobrás, Anatel, Ministério das Comunicações e Universidade de Brasília. Com patentes pertencentes a empresas europeias, o DRM permite que seus consorciados desenvolvam pesquisas sobre a base tecnológica oferecida.

Os japoneses utilizam o sistema ISDB ou ISDB-T, que trafega nas faixas de 189 a 192 MHz e 2,535 a 2,655 GHZ. Flexível, apresenta características que lhe permitem recepção móvel para áudio e dados, sendo considerado o mais robusto entre os sistemas em operação no mundo. O ISDB-T, entretanto, só é utilizado no Japão.

Nos EUA é utilizado o padrão *I-Biquity*, desenvolvido pelo consórcio *I-Biquity Digital* com o processo *In Band-On Channel* (IBOC), permitindo que as transmissões analógicas e digitais possam ser veiculadas no mesmo canal e na mesma faixa, sem a necessidade de faixas adicionais para veiculação de áudio e dados.

Os EUA têm 13.950 emissoras em operação (cf. FEDERAL COMMUNICATIONS COMMISSION, 2005) e apenas 300 delas já estão digitalizadas. A conversão custa para cada radiodifusor cerca de 30 mil dólares (cf. NASCIMENTO, 2005), custo proibitivo para os pequenos radiodifusores e para os comunitários.

Acordo realizado nos Estados Unidos pelo *I-Biquity Digital* deve propiciar condições de financiamento para que cerca de 2 mil radiodifusores possam converter o sinal de suas emissoras para digital de forma acelerada. Mas está claro que o processo por inteiro ainda deve durar algum tempo mesmo num cenário onde a renda média é bem maior que a do Brasil.

No caso brasileiro, o tema da digitalização do rádio ainda está em discussão, mas ganhou dimensão pública quando a Associação Brasileira das Empresas de Rádio e TV (Abert) anunciou, em 24 de agosto de 2005, o início de testes de rádio digital no dia 26 de setembro, Dia do Radiodifusor. Segundo a publicação eletrônica PAY-TV, José Inácio Pizani, presidente da associação, e a diretoria da Abert se reuniram com o ministro das Comunicações, Hélio Costa, para tratar do tema. O ministro Costa disse, na ocasião, que os testes poderiam ser feitos em qualquer sistema, a critério das emissoras. Entretanto, é óbvio que em se tratando de definição dos rumos, apenas dois sistemas, o I-BOC e o DRM, estão aptos a fornecer soluções que permitam o uso do *simulcast* na mesma banda, ou seja, a transmissão simultânea de sinais analógicos e digitais a partir da mesma frequência de onda. Outros sistemas desenvolvidos, como o DAB e o sistema japonês ISDB, como já vimos, necessitam utilizar outra faixa do espectro radielétrico, o que significaria o desmonte da estrutura da radiodifusão sonora brasileira, a segunda do mundo em termos de concessões e permissões. Obviamente, diferente dos cenários europeu e japonês, cujas bases radiofônicas de natureza essencialmente pública apresentam um número expressivamente menor de emissoras em funcionamento.

Os testes que o ministro Hélio Costa pediu para a Anatel deveriam ser entregues até setembro de 2007, mas não foram conclusivos. Eles foram reiniciados sob a tutela da Universidade

Mackenzie de São Paulo e estão sendo realizados por cerca de 20 rádios – o Ministério afirma que são 21, mas a Abert diz que são 16 – em HD Rádio AM e FM (nome fantasia do sistema I-BOC), todas nas regiões metropolitanas de São Paulo, Minas Gerais, Rio de Janeiro e Porto Alegre. As únicas emissoras que irão testar o sistema europeu *Digital Radio Mondiale* (DRM) em ondas curtas (OC) são a Faculdade de Tecnologia da Universidade de Brasília (UnB) e a Rádio MEC FM/RJ, hoje pertencente à Empresa Brasileira de Comunicação (EBC). Tal teste, lamentavelmente, ainda não começou e essa demora pode ser em parte explicada pelo baixo interesse dos europeus em realizá-lo, talvez, por perceberem a manifestação da radiodifusão privada em torno do *standard* da *I-Biquity*.

Os testes no I-BOC vêm mostrando algumas particularidades que não podem ser desprezadas, tais como:

a) diminuição da cobertura dos sinais digitais tanto em AM como FM em relação aos analógicos;

b) problemas recorrentes de interferência quando da transmissão noturna em AM em virtude da simultaneidade de emissão de sinais analógicos e digitais na mesma banda; e

c) *delay* ou retardo do sinal digital em relação ao analógico de cerca de oito segundos, considerado normal em termos tecnológicos mas que encerra consequências desastrosas em termos de cobertura "ao vivo", se considerarmos que as transmissões analógicas estarão em tempo real (este problema deve ser contornado com o uso de processadores de alta capacidade; é justo lembrar que o mesmo problema verifica-se em qualquer tipo de transmissão em *simulcast*).

No recente congresso anual da Abert, realizado em maio de 2007, em Brasília, ficou claro o apoio incondicional da instituição ao sistema I-BOC. Essas discussões sobre a escolha do sistema de rádio digital deveriam, entretanto, ser realizadas com mais calma, a exemplo do que aconteceu com a TV digital. Os testes com o sistema I-BOC ou com o sistema DRM devem, em minha opinião, ser realizados de modo simultâneo para que a decisão se realize com o mesmo rigor do Sistema Brasileiro de TV Digital (SBTVD), e ainda com a inclusão de questões como estruturação de planta industrial para fabricação de componentes, transmissores e receptores – esses que não são fabricados no Brasil há cerca de dez anos –, além de projetos de pesquisa e desenvolvimento integrados com a participação da universidade e de centros nacionais de pesquisa.

Considerações finais

O desafio para a implantação de um *sistema público de comunicação audiovisual e sonora* em nosso país tem proporções gigantescas. Numa sociedade cuja cultura do consumo e do imediatismo, impregnada pelo ambiente aculturado, é estimulada pela postura predatória do mercado, resta o abrigo em projetos que, em prol de uma nova relação com o consumidor, vêm sendo desenvolvidos pela iniciativa privada, como os que aparecem com a marca da responsabilidade social. Nesse sentido, as parcerias, chamadas "apoios culturais", são uma realidade auspiciosa, mas, verdadeiramente, insuficientes.

Por outro lado, o incentivo à criação de uma grande rede pública *broadcasting*, com a participação do sistema institucional de televisão e rádio, remodelado, modernizado, reestruturado e integrado pelas emissoras educativas e universitárias, além do apoio de empresas, sindicatos, associações não-governamentais etc., pode se transformar no grande espaço de discussão dos valores e princípios de uma sociedade organizada, multirracial, pluralista e democrática.

Esse não é um trabalho fácil. Mas é, sem dúvida, um projeto facilitador da inclusão e da conquista plena da cidadania. As iniciativas da Associação Brasileira de TVs Universitárias (ABTU) e da Associação Brasileira das Emissoras Públicas, Educativas Culturais (Abepec) vão nessa direção e merecem elogio e apoio.

Já existem em rede várias iniciativas que geraram um constante fluxo de produções regionais como, por exemplo, o DOC-TV, que se tornou emblemático. O quadro factual de produção ainda pode ser explicado por uma forte concentração da geração de conteúdos a partir da TV Cultura de São Paulo e EBC-Rede Brasil, criada a partir da fusão da Radiobrás e da TVE do Rio de Janeiro, em lei sancionada em 4 de abril de 2008 pelo Presidente da República.

Com uma nova proposta, a partir da formatação de uma rede que propicie o fluxo constante de conteúdos audiovisuais via banda larga através da Rede Nacional de Pesquisa (RNP), o resultado da produção de cada centro gerador, irradiador e alimentador da rede e, por certo, de toda a rede pública a ser disponibilizada, estará à disposição das emissoras retransmissoras do país e da tão decantada e esperada, mas ainda não viabilizada, rede de emissoras comunitárias. Esse projeto de rede de TV deve, igualmente, desenvolver-se para o rádio público. E ainda, se possível, servir ao rádio comunitário.

A rede de rádios comunitárias, segundo meu ponto de vista, equivocadamente proibida por lei, é, na verdade, um dos caminhos para garantir a oxigenação e a sustentabilidade das emissoras públicas de radiodifusão sonora. A criação de células regionais de produção, ligadas a cooperativas regionais de rádios comunitárias, pode garantir não apenas sua subsistência, mas também a presença de programação que represente o real interesse das comunidades, incentivando a formação de radialistas e a renovação de conceitos e conteúdos.

Uma rede de TVs e rádios públicas pela web é, também, alternativa de grande alcance, propiciando a oferta e a fixação dos conteúdos sonoros e audiovisuais, de modo simultâneo ou *on-demand*. Ela estará, por certo, rivalizando com os sinais das programações por assinatura enviadas via satélite, dentro do bojo do sistema digital, cujas possibilidades de produção e captação das mensagens sonoras e audiovisuais são extremamente interessantes.

É por lá, por exemplo, que poderão ser embarcados aplicativos que sirvam como base para a construção de programas sonoros, numa grande cesta básica, onde estejam à disposição do público trilhas sonoras, trilhas de efeitos, vinhetas, tutoriais para construção de formatos, regras para uma boa locução etc. E tudo de graça, com acesso universal. É um fato e está em nossas mãos construir esse espaço de comunicação e expressividade popular.

Estimular as formas de expressividade popular, buscando aprofundar o conhecimento da identidade cultural da população, através do uso dos espaços públicos de comunicação eletrônica, é, sem dúvida, estar plantando semente boa em terreno fértil, cuja colheita será desfrutada pelas novas gerações.

Esse é um momento ímpar, no qual a mudança para uma nova ordem tecnológica[1] pode assegurar a condução de políticas efetivas que proporcione a oportunidade de diminuir as graves diferenças sociais a partir do acesso à informação.

Referências bibliográficas

BAGDIKIAN, B. H. *O monopólio da mídia*. São Paulo: Scritta, 1993.
BARBOSA F. A.; CASTRO, C. A aplicação da práxis de Mario Kaplún no rádio como ferramenta da inclusão digital. Artigo apresentado no Celacom/2005. Cátedra da Unesco/Umesp. CD.
BARBOSA F. A.; CASTRO, C.; TOME, T. *Mídias digitais, convergência e inclusão social*. São Paulo: Paulinas, 2005.

---

[1] Conceito que desenvolvemos no livro *Mídias digitais, convergência tecnológica e inclusão social* (2005).

FCC. Disponível em: <www.fcc.gov>. (Acessado em 20.8.2005.)

FEDERCOMIN – FEDERAZIONE DELLE IMPRESE DELLE COMUNICAZIONI E DELL'INFORMATICA. *Il futuro di radio ed internet nel rapporto Federcomin "L'evoluzione della radio"*. Roma: Attività svolte, 2002.

GRUPO TÉCNICO ABERT/SET. In: <www.mc.gov.br/tv_tec_abertura.htm>. (Acessado em 26.8.2005.)

IBGE. Disponível em: <www.ibge.gov.br>. (Acessado em 25.8.2005.)

LINS, B. F. E. *Análise comparativa de políticas públicas de comunicação social*. Brasília: Consultoria Legislativa da Câmara dos Deputados, 2002.

NASCIMENTO, J. Q. Radio digital. *Revista Eletrônica PAY-TV*. Disponível em: <www.paytv.com.br>. (Acessado em 25.8.2005.)

PAULU, B. *British Broadcasting*; radio and television in the United Kingdom. London: MacMillan, 1981.

PAY TV. Disponível em: <www.pay-tv.com.br>. (Acessado em 25.8.2005.)

PROJETO CPqD/Genius. In: <www.mc.gov.br/tv_digital_17.htm>. (Acessado em: 25.8.2005.)

RÁDIO DIFUSÃO PORTUGUESA. *Rádio digital em Portugal*; a rádio digital já existe. Disponível em: <www.rdp.pt/geral>. (Acessado em 20.8.2005.)

SQUIRRA, S. *O século dourado*; a comunicação eletrônica nos EUA. São Paulo: Summus, 1995.

TEHRANIAN, M. *Technologies of power*; information machines and democratic prospects. Norwood: N. J. Ablex, 1990.

VOGEL, H. L. *Entertainment industry economics*. New York: Cambridge University Press, 1994.

CAPÍTULO 7

Por onde anda a canção?
Os impasses da indústria na era do MP3

EDUARDO VICENTE

O objetivo desse texto[1] é discutir o panorama atual e, especialmente, as perspectivas futuras para a produção fonográfica no país. Acho que ficará claro que não se trata, para mim, de um cenário simples, e meu recurso principal será o da análise do desenvolvimento histórico da indústria que, em meu entender, pode ajudar a explicar muitos de seus dilemas atuais. Com esse objetivo, tentarei discutir o surgimento da produção independente e de seu discurso de legitimação nos EUA, suas primeiras manifestações significativas no Brasil, bem como sua configuração atual. Nesse percurso, tento enfatizar as condições econômicas e tecnológicas que embasaram tanto o surgimento e desenvolvimento dessa cena como as estratégias de atuação das grandes empresas (*majors*) que, historicamente, detêm o controle sobre parcela significativa de nosso mercado fonográfico.

Um tema como o da música popular, central em nossa produção simbólica, evidentemente desperta saudáveis e acaloradas paixões, mas, também por isso, pode se prestar a simplificações perigosas nas oposições entre artistas reais e fabricados, grandes corporações e produtores independentes, executivos e camelôs,

---
[1] Esse texto representa a versão ampliada de um trabalho apresentado no GT "Mídia e Entretenimento", do XVII Encontro da Compós, na Unip, São Paulo, em junho de 2008.

alienação e engajamento, esquerda e direita etc. Além disso, num cenário marcado pela flexibilidade aparentemente infinita dos recursos digitais, o determinismo tecnológico pode se esconder atrás de múltiplas faces, oferecendo sua cota de contribuição para o embaralhamento do debate.

Certamente, não é simples entender uma indústria que foi responsável pela produção de quase toda a música que ouvimos desde nosso nascimento. Pelas canções que, mesmo depois de décadas e de forma evidentemente deslocada, ainda embalam as manifestações reivindicatórias das novas gerações. Pelas que permanecem como referenciais seguros de bom gosto e qualidade artística. Ou pelas que são invocadas para simbolizar a audição regressiva, o mau gosto, a alienação inconsequente e o caráter descartável da produção simbólica atual.

Por tudo isso, e antes de qualquer celebração acerca do fim da indústria ou da presença oportuna da pirataria, entendo que seria prudente uma melhor compreensão da indústria do disco em seu sentido amplo, ou seja, enquanto rede de inter-relações entre diferentes empresas, circuitos exibidores e artistas. Foi com a intenção de ampliar essa discussão que produzi o presente texto.

Gostaria de agradecer a meus alunos do Curso Superior do Audiovisual e do Programa de Pós-graduação em Comunicações e Artes da ECA/USP, especialmente a Patricia Spínola, pelas diversas ocasiões em que discutimos o tema. Queria agradecer também à Fapesp (Fundação de Amparo à Pesquisa do Estado de São Paulo), que financia a pesquisa que atualmente realizo na área de produção fonográfica.

O discurso independente

O surgimento do que denominamos uma cena musical independente associa-se, nos EUA, especialmente ao surgimento do rock'n roll. Peterson e Berger (1975), analisando o mercado daquele país, afirmam que, entre 1959 e 1963,

> selos independentes como Atlantic, Chess, Dot, Imperial, Monument e Sun Records, atuando em segmentos desprezados pelas grandes gravadoras (como o jazz, o soul, o gospel, o rhythm & blues e o country & western), vão passar a ocupar maiores parcelas do mercado e levar novos artistas como Little Richard, Fats Domino, Chuck Berry e Bo Diddley, entre outros, às posições predominantes no cenário musical (PETERSON; BERGER, 1975, p. 164).

Todos esses selos independentes[2] (que, na tradição norte-americana, são designados como *indies*) surgiram entre os anos 1948 e 1954, período em que mais de mil empresas do gênero foram criadas nos EUA (cf. PAIANO, 1994, p. 183). Isso ocorria num cenário em que as quatro maiores companhias do país (as chamadas *majors*) controlavam 75% do mercado através de uma "integração vertical" (*vertical integration*), em que

> a concentração oligopolista da indústria fonográfica era mantida por via do controle total do fluxo de produção, do material bruto à venda atacadista e não através da contínua oferta dos produtos que os consumidores mais desejavam adquirir (PETERSON; BERGER, 1975, pp. 161-162).

É inegável a importância política e cultural desse momento, vinculado à emergência da contracultura e à afirmação da música negra dentro do cenário norte-americano. Porém, é importante entender também as bases econômicas e tecnológicas para o desenvolvimen-

---

[2] A expressão "selo" (*labels*) surgiu das etiquetas coloridas que eram utilizadas para identificar os discos de diferentes segmentos (jazz, classic, country etc.) produzidos por uma mesma gravadora. Quando grandes gravadoras incorporam outras menores, não é incomum que elas sejam mantidas como departamentos independentes dentro de sua estrutura e designadas como selos (mantendo, inclusive, seus nomes originais nos discos que produzem). Além disso, a expressão é utilizada também para designar pequenas gravadoras independentes, sendo esse seu sentido mais frequente no presente texto.

to dessa cena, como o surgimento dos gravadores magnéticos e a consolidação de um mercado consumidor formado pela população negra. Nesse sentido, ao falar sobre a produção do blues, Gérard Herzhaft lembra que muitos dos novos produtores independentes

> viviam, em geral, em bairros negros ou neles possuíam interesses (tabernas, lojas de discos, bazares) e alguns (e isso também era novidade) – Bob Geddins, Vivian Carter – eram negros. Todos estavam aptos a mediar a popularidade de alguns novos músicos negros junto a seus compatriotas e tentar então gravá-los. No início, tinham pouco capital, mas a aventura foi viabilizada através da evolução das técnicas de gravação e de fabricação dos discos (o uso da fita magnética, a aparição do cloreto de polivinil), que diminuíram consideravelmente os custos de produção (HERZHAFT, 1989, p. 67).

Mas coube também a alguns desses novos empresários retirar essa produção do nicho representado pelas *race records* e levá-las ao grande mercado. O nome mais significativo nesse processo foi, sem dúvida, o de Sam Phillips, que, trabalhando para um pequeno selo na prospecção de intérpretes de blues na cidade de Memphis, percebeu o crescente interesse de jovens brancos por aquela música. Teve a intuição de preparar artistas que fossem aptos a interpretá-la e acabou criando sua própria empresa (Sun Records) e produzindo as primeiras gravações de nomes como Elvis Presley, Jerry Lee Lewis, Carl Perkins e Roy Orbinson. Elvis, no entanto, ficou pouco tempo com Phillips, sendo logo contratado pela RCA.

Minha intenção, ao apresentar esse cenário, é chamar a atenção para os aspectos envolvidos na constituição do que denominamos como uma cena musical independente. Temos, em primeiro lugar, o surgimento de pequenas empresas para o atendimento de novas demandas do mercado (criadas pela população negra e, posteriormente, por jovens consumidores brancos). A atuação desses novos empreendedores é viabilizada por mudanças no cenário econômico e pela inovação tecnológica. Porém, quando artistas desses novos segmentos obtêm maior projeção, como Elvis Presley, ou quando os próprios segmentos se tornam centrais no mercado, como pouco depois aconteceria com o rock'n'roll, as grandes gravadoras acabam por incorporar os artistas emergentes e, muito frequentemente, as próprias empresas que dispõe de *know-how* para desenvolvê-los. Nesse sentido, Peterson e Berger observam que, após o enorme crescimento do mercado fonográfico proporcionado, ao longo da década de 1960, pelo rock'n'roll e pela emergência do mercado consumidor juvenil,[3] apenas duas empresas independentes (a Motown e a A&M Records) conseguiam se manter, em 1973, entre as oito maiores companhias norte-americanas (cf. PETERSON; BERGER, 1975, p. 169), já que as demais haviam sido absorvidas pelas grandes gravadoras.[4]

Assim, as gravadoras independentes acabaram se incorporando ao que poderíamos definir como um novo ecossistema produtivo, em que seu papel era o de prospectar novos artistas e nichos de consumo locais, enquanto as grandes gravadoras assumiam os artistas e segmentos que atingissem um mercado mais massificado.

Mas o surgimento dessas gravadoras independentes ainda nos permite discutir três questões. A primeira é a de que falamos em gravadoras e não em artistas independentes. Acho importante chamar a atenção para essa questão, já que, atualmente, o termo "independente" tende a ser utilizado em referência tanto a empresas como a artistas individuais.[5] A segunda refere-se à expressão em si: "independente". O que ela realmente significa?

---

[3] O consumo de discos saltou de US$ 48 milhões, em 1948, para US$ 2 bilhões, em 1973 (cf. PETERSON; BERGER, 1975, p. 163). E, se em 1950, o comprador médio de discos nos EUA tinha 30 anos, em 1958 perto de 70% dos discos eram vendidos para *teenagers* (cf. PAIANO, 1994, p. 184).
[4] Motown e A&M Records foram posteriormente absorvidas e hoje integram a Universal Music Group.
[5] Neste texto, assumo para esses artistas a denominação de "autônomos", no sentido de explicitar essa diferenciação.

Certamente ela pode ser vinculada ao fato de essas empresas não atuarem no mercado através da "integração vertical". Mas, sob outros aspectos, elas eram mais dependentes do que as *majors*, especialmente no que se refere ao acesso aos meios necessários para a divulgação e produção de seus artistas. As grandes gravadoras, por sua vez, possuíam grande autonomia administrativa e não eram, como hoje, apêndices de conglomerados de atuação múltipla. Ou seja, tampouco sob o aspecto da definição de suas estratégias de atuação as *majors* poderiam ser chamadas de "dependentes".

Assim, embora possamos vinculá-la a uma causa concreta, entendo que a denominação acaba assumindo um significado mais abrangente e simbólico do que lhe fora conferido inicialmente. Ou seja, ela irá se consolidar muito mais como um juízo de valor do que propriamente como uma caracterização da empresa. Ao longo do desenvolvimento do rock'n roll, as *indies* foram, segundo Stephen Lee,

> sendo definidas através de um conjunto de crenças acerca da importância da "diferença" musical, da declaração de uma sensibilidade cultural "alternativa", do mito romântico do artista e, posteriormente, pela necessidade de manter um distanciamento cultural e econômico de empresas fonográficas denominadas enquanto *majors* (LEE, 1995, p. 13).

De qualquer modo, temos aqui não apenas a constituição da dinâmica produtiva do mercado do disco, como também de um discurso de legitimação e de uma afirmação de distanciamento ideológico entre empresas envolvidas numa mesma área.

Como terceira questão, temos a industrialização em si. A produção de música popular é, evidentemente, anterior ao processo de industrialização e não depende diretamente dele para sua realização. Porém, todo o nosso gosto musical foi formado pelo que pode ser mais corretamente denominado como uma música popular industrializada, ou seja, uma música que se tornou produto fonográfico e, a partir desse fato, encontrou as condições para sua divulgação e distribuição. O processo de escolhas que levou a essas decisões de investimento por parte de diferentes empresas não é, evidentemente, inocente. Passa por questões econômicas, culturais, étnicas, religiosas e políticas, estando a importância das *indies* justamente em seu papel de viabilizar produções que poderiam, por qualquer desses motivos, ser preteridas pelas *majors*. Sem essas empresas, muitos dos segmentos musicais aqui citados talvez não tivessem ingressado no mercado fonográfico e obras de artistas fundamentais talvez nem sequer existissem.

E esse processo de industrialização da música permite, ainda, outras reflexões que me parecem oportunas. Em primeiro lugar, ele funciona como uma importante instância de legitimação da produção. Se a música erudita encontrou, como aponta Max Weber (cf. 1995), as condições para sua autonomização e racionalização na escrita musical, entendo que para a música popular, vinculada à tradição oral, essas condições surgiram com o processo de industrialização. Foi ele que permitiu às obras saírem do âmbito do domínio público: assumindo autoria, preservando sua forma original, e desterritorializando-se através de sua circulação para um público grandemente ampliado.[6] Além disso, essa sua presença simultânea nos campos da tradição artística e das técnicas de reprodutibilidade confere uma condição única à música popular. Adorno (1971) intuiu essa condição ao se referir à presença de uma certa artesanalidade na produção de música popular no âmbito da industrialização. Embora ele identifique essa artesanalidade como um artifício para a pseudoindividuação de uma produção que se encontraria, de outro modo, completamente padronizada, entendo que a técnica – no sentido do aparato tecnológico de produção – não tem, para a música popular, um

---

[6] Desenvolvo essa discussão de forma mais elaborada em *A música popular e as novas tecnologias de produção musical,* dissertação de mestrado não publicada, Campinas, IFCH/Unicamp, 1996.

caráter externo à obra como o preconizado por Adorno.[7] Ao contrário, ela integrou-se ao arsenal de recursos expressivos disponibilizados para o autor, o intérprete e os demais participantes da criação do fonograma.

Assim, ao contrário da literatura e das artes plásticas tradicionais, por exemplo, entendo que a música popular como a conhecemos não pode ser criada integralmente por um único indivíduo isolado e destituído de um arsenal mais complexo de recursos materiais. Sob esse aspecto, ela se aproximou do cinema, no sentido de ter se tornado uma forma de expressão artística que depende das condições de industrialização para sua plena realização.[8]

A música independente no Brasil

Considerando-se que a consolidação da indústria do disco no Brasil só irá ocorrer na segunda metade da década de 1960, fica difícil definir como independentes gravadoras surgidas em momentos muito anteriores, quando a incipiência da indústria não permitia uma divisão mais nítida do mercado de produção. De qualquer forma, duas das primeiras iniciativas que me parecem passíveis dessa conceituação – no sentido de sua significação cultural e de sua vinculação a segmentos musicais específicos – seriam a Festa, criada por Irineu Garcia em 1956, e a Elenco, criada por Aloysio de Oliveira em 1962. Embora a Festa tenha

---

[7] Para Adorno, "o conceito de técnica na indústria cultural só tem em comum o nome com aquele válido para as obras de arte. Este diz respeito à organização imanente da obra, à sua lógica interna. A técnica na indústria cultural, por seu turno, na medida em que diz respeito mais à distribuição e reprodução mecânica, permanece ao mesmo tempo externa ao objeto" (ADORNO, 1971, p. 290). O que tento preconizar é que a técnica aqui denominada de "externa" também assume – na produção musical – a função de recurso expressivo. Mas acho que essa questão ficará mais clara ao longo do texto.

[8] Aproximou-se, também, do conceito de uma arte desauratizada proposto por Benjamin (1980), no qual o valor de exibição (do disco) sobrepõe-se ao valor de culto invocado pela presença física do artista em um *show*.

sido responsável pela gravação daquela que muitos consideram como a obra inaugural da bossa-nova ("Canção do amor demais", Elizete Cardoso, 1958[9]), ela especializou-se na gravação de poesias, normalmente declamadas por seus próprios autores.[10] Já a Elenco, como relata José Roberto Zan (cf. 1998), foi criada por Aloysio para a gravação de artistas da bossa-nova, depois das dificuldades que este último encontrou para promovê-los através de *majors* como Odeon e Phillips.

Porém, o desenvolvimento de uma cena independente mais articulada – envolvendo tanto *indies* quanto artistas autônomos – aparentemente só ocorreria no final da década de 1970, a partir do lançamento do disco *Feito em casa* (1977), de Antônio Adolfo.[11] Durante os cinco anos seguintes, diversas produções e iniciativas foram desenvolvidas nessa área, algumas com considerável sucesso comercial e, em qualquer caso, grande repercussão na mídia. E seria a atuação de Antônio Adolfo e de grupos de artistas organizados em torno de projetos como o da gravadora Som da Gente e do Teatro Lira Paulistana, que daria o tom político da articulação da cena – com uma certa aproximação em relação ao cenário norte-americano.

Claro que, nesse momento, não foram a contracultura e a afirmação étnica os elementos mobilizadores do discurso. A tônica ficou, a meu ver, na valorização da autonomia artística – o que a coloca num evidente confronto com a intencionalidade política e, através dela, com o didatismo ou a busca de raízes populares expressa no manifesto dos CPCs e em boa parte da canção de

---

[9] O disco reuniu Tom Jobim, Vinícius de Moraes e João Gilberto.
[10] Foram gravados nomes como Carlos Drummond de Andrade, Gabriela Mistral, Manoel Bandeira e Pablo Neruda, entre muitos outros.
[11] Embora emblemático, o trabalho de Antônio Adolfo não pode ser chamado de pioneiro, posição que parece ocupada pelo disco *Paêbirú*, de Lula Cortes e Zé Ramalho, de 1972, gravado nos estúdios da gravadora Rozemblit (Recife) e lançado pela Abrakadabra Produções Artísticas (cf. Discos Independentes S/A. *Jornal do Brasil*, 1.7.1981).

protesto da década anterior. Assim, enquanto "rejeitam o panfleto cantado com ruga na testa",[12] pode-se argumentar que esses novos criadores se aproximam do projeto bossa-novista e da "linha evolutiva" proposta pelo tropicalismo, já que

> valorizam a música urbana mais elaborada, às vezes aberta a iniciativas experimentais [...]. Fazem músicas que se nutrem das composições populares tradicionais, mas não reconhecem fronteiras para a música [...]; incorporam com desembaraço o rock, o jazz [...] a música erudita. Nem sempre dispensam a dodecafonia.[13]

Eles, porém, fazem questão de explicitar também seu distanciamento em relação a esses grupos, afirmando-se incapazes de abrir mão de "sua individualidade para formar um movimento como a bossa-nova ou o tropicalismo".[14]

Vinculados a um público predominantemente universitário e, nesse aspecto, evidentemente elitizado, entendo que esses artistas formavam uma vanguarda estética dentro dos moldes propostos por Pierre Bourdieu (cf. 1996), ou seja, enquanto um grupo de realizadores que busca sua legitimação a partir da construção de um discurso de oposição aos artistas dominantes no campo. Como esses artistas eram, em sua totalidade, vinculados às *majors*, o discurso independente poderia oferecer um elemento adicional de diferenciação e legitimidade ao grupo.

Mas, embora isso certamente tenha ocorrido em algum nível, entendo que a opção pela produção independente carregava bem mais do que um discurso de legitimação e que condições bastante objetivas colaboraram para que a oposição entre arte e mercado ganhasse, naquele momento, esse forte contorno de oposição entre *indies* e *majors*.

---

[12] A Nova Música da Cidade Nasce Longe do Sucesso. *Folha de S.Paulo*, 5.1.1981.
[13] Ibid.
[14] Ibid.

Mesmo sem pretender negar que a geração anterior de artistas, tão fortemente engajada no contexto cultural e político dos anos 1960/1970, também tenha de vários modos contestado a atuação das grandes gravadoras, é forçoso considerar que a maioria das produções de maior engajamento político e arrojo estético do período foram desenvolvidas dentro do âmbito dessas empresas e, mais precisamente, de *majors* internacionais. A Elenco foi adquirida pela Phillips, que incorporou vários de seus artistas; Chico Buarque, Caetano Veloso e Gilberto Gil, mesmo no exílio, lançaram seus discos por essa mesma gravadora; *Canto geral* (1968), de Geraldo Vandré, saiu pela Odeon; *Tiro de misericórdia* (1977) e *Linha de passe* (1979), de João Bosco, saíram pela RCA. São também devidos à Phillips (então dirigida por André Midani) os primeiros álbuns de vários representantes do movimento black dos anos 1970/1980, como Tim Maia, Cassiano, Daffé e Black Rio.

Mas esse cenário passaria por grandes mudanças a partir do final da década de 1970: acossada por uma forte crise, a indústria reduzia fortemente seus elencos e se tornava mais seletiva, passando a privilegiar um público mais jovem, massificado, bem como segmentos de maior apelo popular.[15] Ao mesmo tempo, vale lembrar que, como observa Renato Ortiz (cf. 1988), vivíamos um momento de efetiva consolidação da indústria cultural no país e, portanto, de redução dos espaços de experimentação e do livre trânsito entre as esferas do popular e do erudito que caracterizara a efervescente produção cultural das décadas de 1950/1960. Assim, "o espaço de criatividade que, em última instância, dependia da precariedade do momento, é substituído por novas exigências que [...] são agora atributos de uma sociedade industrial que deixa de lado sua incipiência" (ORTIZ, 1988, p. 101). A cena independente torna-se, nessas condições, quase que

---

[15] Processo que levaria, nos anos 1980, a uma valorização do rock, da música infantil, da música romântica e dos segmentos regionais.

o único espaço de atuação para os artistas não enquadrados na nova lógica produtiva da indústria.

Porém, mesmo entendendo que um dos fatores que separa essas duas gerações de criadores é a notável mudança de comportamento das grandes empresas, deve-se observar que o surgimento e a articulação do movimento independente só foi possível a partir de um amplo conhecimento, por parte de seus integrantes, da dinâmica do mercado e de todo o processo de produção. Ao se referir às condições que possibilitavam seu trabalho como artista autônomo, Antônio Adolfo ressaltava seu conhecimento de todo o processo de produção, afirmando: "Eu mesmo lanço e comercializo meus discos. Produzo a parte musical, faço a capa, mando prensar – há fábricas que fazem esse trabalho –, mando imprimir e viajo por todo o Brasil, indo pessoalmente vender nas lojas".[16] E, mesmo assim, o difícil quadro recessivo dos anos seguintes acabaria inviabilizando a continuidade do movimento independente. Sua reemergência só ocorreria na década de 1990, em um cenário de grandes mudanças no que se refere tanto ao patamar tecnológico da indústria quanto à estratégia de atuação das grandes empresas.

A produção independente nos anos 1990

Ao discutir o cenário da produção fonográfica nos anos 1990 (cf. VICENTE, 2006), busquei relacionar a reemergência da cena independente a fatores como o processo de terceirização da produção levado a efeito pelas *majors*, que implicou diversas associações com pequenos selos; ao dramático barateamento da produção possibilitado pelas tecnologias digitais de gravação e pela substituição do vinil pelo CD e a uma ampla segmentação

---

[16] O feito em casa em busca de um lugar. *Folha de S.Paulo*, 28.10.1979.

do consumo, permitindo a constituição do que defini como "circuitos autônomos de produção musical".

Essa nova configuração do mercado levou a uma maior aproximação entre *majors* e *indies*. Agora, o discurso dos independentes seria frequentemente pautado não pelo confronto, mas pelo profissionalismo da gestão e pela qualidade técnica da produção (em contraposição à artesanalidade da década anterior). Tal situação de quase idílio persistiu até perto do final da década, quando a indústria – impulsionada pela euforia econômica do Plano Real e pela substituição do vinil pelo CD – chegou a ocupar, entre 1995 e 1998, a posição de sexto maior mercado mundial e manteve seu percentual de consumo doméstico próximo de elevadíssimos 80%.[17] Mas seria preciso discutir com mais atenção o cenário que então se constituiu, especialmente a nova articulação entre patamar tecnológico, estratégia de atuação das *majors* e produção independente, para tentar compreender melhor as consequências desse novo quadro.

O primeiro ponto a observar refere-se ao processo de terceirização. A pulverização e o barateamento da produção propostos pelas tecnologias digitais começavam a viabilizar o surgimento de inúmeras cenas locais. As *majors*, que até a década de 1980 haviam-se empenhado na prospecção de novos artistas e em sua formação para o mercado fonográfico, passaram a delegar essas funções para as novas *indies* – muitas das quais formadas por produtores e diretores artísticos demitidos por aquelas gravadoras. Como as *majors* controlavam o acesso aos principais canais de distribuição e divulgação, confiavam em resolver dessa maneira a equação entre concentração econômica e segmentação da produção proposta pela globalização. Assim, se a produção independente havia se constituído, na década anterior, como uma

---

[17] Conforme estatísticas disponíveis nos relatórios anuais da Ifpi (International Federation of the Phonographic Industry).

alternativa ao ingresso do artista em uma grande gravadora, agora surgia como única porta de acesso a elas.

Não se pode negar a eficiência dessa estratégia. Artistas pinçados por *indies* de cenas locais, invisíveis para o público em geral, garantiram um extraordinário ganho às grandes gravadoras. E a projeção nacional de cenas como a da Festa do Boi de Parintins, da axé-music, do funk carioca, da música religiosa, do pagode do circuito de bares e casas noturnas dos grandes centros urbanos e do sertanejo do circuito de rodeios e feiras agropecuárias foi a base de sustentação da indústria ao longo de toda a década.

Essa concentração das *majors* na divulgação e distribuição acabou por intensificar, no cenário brasileiro, aquilo que George Yúdice (cf. 1998) denomina como a "lógica do *blockbuster*", com as grandes empresas dedicando-se à divulgação maciça de um grupo cada vez menor de artistas. Parece ter reduzido, também, sua capacidade (ou mesmo interesse) em prever os rumos do mercado, já que agora elas não tinham mais elementos de contato com a música em suas fontes primárias, antes do processo de industrialização.

O segundo ponto é o da inovação tecnológica. Embora seus rumos sejam determinados pelos interesses dos grandes fabricantes, é indiscutível a existência de conflitos – especialmente entre produtores de hardware e software – ou, em função da grande flexibilidade das tecnologias digitais, a possibilidade de usos inicialmente imprevistos. Dentro da estratégia das *majors*, a obsolescência tecnológica dos suportes é a função mais visível da inovação. Detentoras dos direitos sobre a quase totalidade dos fonogramas de sucesso já produzidos, elas encontraram na atualização dos suportes – de 78 rpm para LP, de LP para K7, de ambos para CD, de CD para DVD etc. – uma importante fonte de lucros. Além disso, a convergência de mídias – proposta na relação CD/DVD – corresponde à configuração dos grandes conglomerados de comunicação (aos quais as *majors* estão vinculadas) e é refletida nas estratégias sinérgicas de divulgação musical desenvolvidas através de videoclipes, *reality shows* musicais, trilhas de novelas, séries e filmes etc.

Porém, talvez valha a pena refletir sobre o fato de que a mais emblemática inovação tecnológica da atualidade não foi criada no âmbito das grandes corporações e nem correspondeu a cálculos econômicos. Falo, evidentemente, da internet. A rede – como se sabe – foi desenvolvida dentro do meio acadêmico em resposta a uma demanda do complexo militar norte-americano. A difusão de seu uso se deu a partir da lógica acadêmica da partilha de informações, e não da troca comercial. Eu entendo que essa cultura da partilha, da disponibilização, tornou-se hegemônica na rede e que nem todo o empenho e investimento das grandes corporações modificou essa situação de forma radical. Na verdade, essa cultura parece ter sido incorporada por algumas das mais bem-sucedidas iniciativas econômicas desenvolvidas na internet – como o Google e o Yahoo!, por exemplo, que obtiveram significativos ganhos econômicos a partir da venda de espaço publicitário em sites que ofereciam serviços gratuitos a seus usuários.

Por conta disso, a internet me parece um espaço passível de suscitar usos sociais não previstos para recursos desenvolvidos dentro do âmbito das grandes empresas. O formato de áudio MP3 nos oferece um importante exemplo. Ele surgiu, ainda em 1992, como uma das consequências do desenvolvimento do DVD[18] e permitiu a digitalização de áudio em arquivos muito menores do que os obtidos com o WAV, o formato anteriormente utilizado. A popularização de seu uso como formato de troca de arquivos

---

[18] As características do DVD foram definidas por um consórcio de fabricantes liderado por Sony, Phillips, Warner e Matsushita. As principais dificuldades técnicas envolvidas no projeto – como a criação de discos óticos de maior capacidade e o desenvolvimento de formatos mais compactos para a digitalização de áudio e vídeo – foram discutidas por especialistas reunidos num comitê denominado MPEG (Moving Picture Experts Group). O MPEG1 – Layer 3, ou MP3, foi o formato desenvolvido para a digitalização de áudio.

musicais na internet ocorreu a partir de 1997 com a criação, por Justin Frankel, de 17 anos, do Winamp, um software que permitia a reprodução dos arquivos MP3 em ambiente Windows.[19] Coube a outro jovem, Shawn Fanning, criar em 1999 o Napster, um programa que permitia a troca de arquivos em MP3 entre usuários da rede. O resto é história. As *majors* empreenderam grandes batalhas legais contra sites de troca de arquivos (como o próprio Napster), mas não conseguiram de forma alguma eliminar essa prática. A estratégia de fusão das grandes corporações – especialmente nos casos da AOL-Time Warner e da Universal Music[20] – passou a considerar a venda de conteúdo pela rede e a desmaterialização dos suportes, mas sem jamais alcançar o sucesso esperado.

Além disso, o que se coloca em questão com a internet e o MP3 não é apenas a pirataria de arquivos, mas também a possibilidade de uma autêntica independência por parte de *indies* e artistas autônomos, que podem assim romper o controle exercido pelas *majors* sobre as instâncias de divulgação e distribuição. Além disso, também os artistas já maciçamente promovidos pelas *majors* passam a poder considerar produção e distribuição independente uma alternativa viável para o prosseguimento de suas carreiras – sendo inúmeros os exemplos de artistas e grupos que fizeram esse percurso dentro e fora do país.

A autonomização das cenas locais, possibilitada pelas condições tecnológicas e econômicas favoráveis, permitiu até que a produção independente deixasse de se vincular apenas a pequenos selos e artistas autônomos: também a concentração econômica passou a se fazer presente no cenário. Muitas das bandas e trios elétricos da Bahia, por exemplo, pertencem a empresários, sendo seus integrantes assalariados e substituíveis. Situação semelhante

---

[19] Frankel distribuiu sua criação gratuitamente pela rede e, em um ano e meio, ela já era utilizada por 15 milhões de pessoas. Será o fim do CD? *Exame*, 6.10.1999.
[20] Trata-se, em ambos os casos, de conglomerados que unem conteúdo musical, portal de internet e rede de TVs a cabo.

é a do Frevo Eletrificado de Fortaleza, onde todo o circuito de produção/exibição – bandas, forródromos, rádios etc. – parece ser controlado pela gravadora SomZoom, de Emanuel Gurgel. Nesse sentido, pode-se dizer que alguns setores da cena independente assumiram um nível de controle sobre a produção musical ainda mais intenso do que o praticado pelas grandes corporações.

De qualquer modo, fica patente que o apego das *majors* a seu catálogo que pode ser relançado em novos formatos, associado à opção pelo *blockbuster*, parece ter solapado sua capacidade de acompanhar as mudanças e a diversificação do mercado, além de aumentar sua vulnerabilidade à pirataria de suportes, que atingiu níveis bastante elevados no país. Por conta disso, seria de supor que esse cenário permitisse o início de um novo momento para a indústria, com a menor concentração do mercado e a ampliação do espaço para artistas autônomos e selos independentes. E a criação da ABMI (Associação Brasileira de Música Independente), em 2002, parecia corroborar essa crença.

Porém, ao menos no Brasil, o cenário de crise que se instaurou na virada do século atingiu o setor com forte intensidade. E, juntamente com a crise econômica, o notável avanço da pirataria provocou uma significativa desestruturação de toda a cena. Não é certo que a produção independente possa, nesse momento, suprir o espaço deixado pela retração das grandes gravadoras, quando as próprias condições de legitimidade e autonomia da indústria fonográfica parecem colocadas em cheque.

Gostaria, por isso, de tentar oferecer alguns tópicos para a reflexão acerca do momento atual do mercado fonográfico e de suas possíveis tendências.

Uma nova lógica de produção e consumo?

Entendo que o principal aspecto acerca da nova lógica de produção e consumo musical que parece estar se constituindo seja efetivamente o da pirataria. O termo carrega, evidentemente, um juízo de valor. Diria que tendemos a considerar a distribuição de arquivos pela rede quase como uma forma de democratização de acesso ou de cópia doméstica, enquanto a designação "pirataria" liga-se mais fortemente à produção e distribuição ilegal de suportes, que implica evidentemente comercialização. Mas considero mais produtivo deixar de lado esse aspecto da discussão e pensar na venda de suportes ilegais e na troca de arquivos como duas modalidades distintas de distribuição e consumo musical.

De um modo geral, entendo que a compra de suportes ilegais tende a ser adotada por um público consumidor de menor poder aquisitivo, que normalmente não tem acesso à internet e para o qual os hábitos de consumo musical ainda não se vincularam à desmaterialização proposta pelos *players* de MP3 e MP4. Esse comércio implica a constituição de uma vasta rede de distribuição, formada por vendedores ambulantes e pontos alternativos de vendas espalhados por todo o país.

Não é incomum a argumentação de que essa atividade poderia funcionar como uma forma de forçar as *majors* a reduzir o preço dos CDs, ou mesmo de viabilizar o acesso das camadas mais pobres da população a uma produção cultural mais ampla. Por outro lado, talvez a pirataria acabe também por reforçar a estratégia de atuação das *majors* ao massificar o consumo dos segmentos e artistas privilegiados por elas em sua lógica do *blockbuster*. Além disso, ela ajuda a inviabilizar o comércio especializado, potencialmente capaz de apresentar ao consumidor opções alternativas de compra. Isso é algo que as *majors* também já faziam, ao privilegiar as grandes superfícies (supermercados e magazines) em detrimento das lojas especializadas em sua estratégia de distribuição. Adicionalmente, a pirataria atinge também os artistas de destaque de gravadoras independentes, diminuindo as chances de sobrevivência e desenvolvimento dessas empresas. Isso, seguramente, também favorece as grandes gravadoras, que possuem uma capacidade muito maior para absorver os prejuízos sofridos e garantir sua permanência no mercado.

De qualquer modo, a pirataria acaba criando um circuito alternativo de distribuição que tem sido explorado por artistas autônomos (e, possivelmente, gravadoras independentes) ligados a segmentos populares como o sertanejo, o rap, o funk e o forró, por exemplo. Já é possível encontrar trabalhos autênticos de diversos artistas desses segmentos com vendedores ambulantes. Claro que esse circuito de distribuição exige preços extremamente baixos, o que implica produções modestas, com gravações precárias e a substituição da caixa e do encarte do CD por simples envelopes. De qualquer modo, considero importante que o comércio ambulante passe a ser visto não apenas como espaço para a venda de discos piratas, mas também como uma nova instância de distribuição para certos segmentos musicais.

A distribuição de arquivos on-line também se constitui, evidentemente, num espaço possível para a distribuição e veiculação de novos artistas. A gravadora Trama, por exemplo, prospecta novos nomes nesse espaço através de uma iniciativa denominada Trama Virtual (http://tramavirtual.uol.com.br/), em que bandas e artistas podem criar suas homepages e, é claro, disponibilizar músicas – que são organizadas em uma parada em função do número de downloads que recebem.

Entendo que, pela forma como se processa, a distribuição pela rede tende a privilegiar músicas individuais e não discos completos. Esse fenômeno, na tradição da indústria, está ligado à relação entre *singles* (compactos) e álbuns (LPs). João Carlos Muller Chaves, ex-secretário executivo da ABPD (Associação Brasileira dos Produtores de Discos), explica essa relação afirmando que "no compacto simples a gente vende música [...]. Promove no rádio e, de repente, vende um milhão de exemplares. O seguinte não vende nada porque não se fixou a personalidade do artista [...]. O Roberto (Carlos) fez um mal disco no ano passado e (no entanto) vendeu um milhão e oitocentos mil exemplares" (PAIANO, 1994, p. 203).

Entendo que essa lógica pode ser transferida, em alguma medida, à distribuição pela internet, onde a febre por determinada música pode provocar milhares de downloads, mas nem por isso garantir a consolidação da carreira da banda ou intérprete. Talvez seja importante considerar, também, que essa valorização da música em relação ao artista acentua a tendência de que a repercussão da obra se vincule cada vez mais a causas imediatas – a presença da música em um espetáculo ou videoclipe, seu ingresso em uma parada virtual, sua vinculação a uma celebridade ou acontecimento não musical etc. –, reduzindo a autonomia e intensificando o caráter descartável da produção musical.

Porém, o que me parece mais problemático na distribuição gratuita de música através da internet – caso se torne uma tendência dominante para novos artistas – é que ela aponta para uma situação em que o registro fonográfico, por deixar de oferecer um retorno econômico direto, perde a centralidade em seu trabalho, tornando-se meramente um instrumento para a divulgação da banda e dos *shows* que realiza.

Sob o aspecto da produção fonográfica em si, entendo que, de modo similar ao que ocorre na distribuição de CDs legais através da estrutura do comércio ilegal, também aqui a necessidade de redução dos custos tende a implicar precariedade das produções. Em relação a essa questão, vale observar que, embora a redução dos custos da produção fonográfica tenha sido dramática a partir do uso das tecnologias digitais, é necessário entender que ela também encontra seus limites, sendo incorreto imaginar que aparatos domésticos oferecem a mesma qualidade que estúdios profissionais. E a questão dos custos de produção pode, no limite, ser determinante na decisão pela adoção de uma estética *low fi* por parte de novos artistas, como estratégia possível para a viabilização de seus trabalhos.[21] Mas esse é um tema que exigiria uma pesquisa mais detalhada para sua discussão.

Em relação à priorização dos *shows*, ela já é uma realidade para diversos artistas e mesmo para algumas cenas locais. No caso do Forró Elétrico de Fortaleza, por exemplo, Emanuel Gurgel, que, como vimos, detém o controle sobre praticamente toda a cena, adotou recentemente a distribuição gratuita das músicas através da internet, preferindo centrar-se na obtenção de lucros através da veiculação radiofônica e das apresentações de suas bandas nos forródromos (que também controla). Para o empresário, "o CD hoje é cartão de visita... Quanto mais músicas eu espalhar, mais tenho como levar as pessoas para dançar os sucessos na festa. A festa é o negócio" (PINHEIRO; PAIVA, 2007).

Não se trata de negar a efetividade da estratégia nem a legitimidade de seu uso, somente de lembrar que ela não serve a todos os artistas, mas apenas aos que realizam *shows* capazes de atrair um significativo público pagante e que possuem a capacidade de operar com todas as variáveis econômicas e logísticas envolvidas nessa atividade. Entendo, por isso, que ela tende a favorecer bandas em lugar de artistas individuais e empresas "verticalmente integradas" (como a de Emanuel Gurgel) em detrimento de *indies* tradicionais.

A autonomia do disco

Acho que a situação anterior oferece a oportunidade de compreender com maior clareza a função das gravadoras independentes e no que elas se diferenciam dos artistas autônomos. Além de estarem aptas a cuidar dos trabalhos de artistas que não possuam a vocação ou o desejo da autonomia absoluta, elas

---

[21] Chamo de estética *low fi* aquela que assume como recurso expressivo a precariedade do aparato técnico utilizado na produção do trabalho.

podem fortalecer cenas locais, registrar manifestações folclóricas, recuperar acervos esquecidos, oferecer oportunidades de acesso ao mercado para novos artistas, recuperar nomes que tenham saído do mercado por diferentes razões, servir como foco de atenção para um determinado segmento ou cena, além de propiciar encontros entre artistas e colaborações entre músicos e produtores.

Mas, além das *indies* perderem muito de sua função diante da perda de centralidade da produção fonográfica na estratégia de atuação dos músicos, a autonomia artística do disco e do estúdio de gravação enquanto espaço de experimentação vê-se ameaçada nesse novo cenário. Para explicar melhor essa questão, gostaria de relembrar a história da produção do álbum *Sgt. Pepper's Lonely Hearts Club Band*, gravado pelos Beatles, em 1967, conforme relatada por seu produtor. Segundo George Martin (cf. 1995), os Beatles decidiram, após as dificuldades encontradas em sua turnê de 1966, que não iriam mais realizar *shows* ao vivo. Em função disso, a gravação de seu novo álbum não precisaria se ater – como tradicionalmente ocorria – à reprodução fiel de uma performance ao vivo da banda.

Assim, foram utilizados recursos praticamente inéditos em grandes produções, como a colagem de trechos de fitas gravadas, a sobreposição de gravações e a técnica de multicanais, que resultaram em registros fonográficos que não poderiam – com os recursos da época – ser reproduzidos num *show*. Além disso, *Sgt. Pepper's* talvez possa ser considerado também o primeiro disco conceitual já produzido, uma vez que existia uma narrativa de fundo interligando suas faixas. Desse modo, o disco assumia uma importante autonomia artística dentro da música massiva, adquirindo qualidades únicas e chamando atenção para as possibilidades de experimentação oferecidas pelo estúdio. Talvez por isso, o ano seguinte, 1968, tenha sido o primeiro em que a venda de LPs de rock superou a de compactos no mercado britânico (cf. PAIANO, 1994, p. 188).

Adicionalmente, o estúdio e a atividade das gravadoras ressaltam as características de produção coletiva da música. Se, como eu apontei anteriormente, a composição de música popular retém elementos de sua artesanalidade, o processo de industrialização – como nos meios audiovisuais – carrega a possibilidade da colaboração de outros autores para a obra.[22] Assim, sem a presença de uma gravadora, dificilmente os Beatles se encontrariam com George Martin, ou os Tropicalistas com Rogério Duprat, ou Tom e João com Aloysio de Oliveira etc.

Além disso, entendo que a perda do caráter comercial da distribuição musical, embora possa potencialmente ampliar seu público receptor, implica – em alguma medida – a perda de autonomia econômica da cena musical como um todo. Nessas condições, ela passa a depender crescentemente não só do mercado de *shows*, mas também da atuação de artistas diletantes e do mecenato, na forma de projetos culturais do Estado, de circuitos exibidores como o do Sesc e de fundações culturais públicas e privadas.

Esse cenário representa, para mim, uma regressão perigosa, que deixa a cena cada vez mais vulnerável, entre outros fatores, às relações pessoais ou de classe entre artistas e gestores. Além disso, nada garante a democratização do espaço de *shows*. Além da concentração econômica ser, como já foi observado aqui, predominante em algumas cenas locais, também as *majors* migram para esse novo mercado, conforme anunciou recentemente a Sony-BMG com a criação da empresa Day1, focada no agenciamento de artistas.[23]

---

[22] Trata-se aqui não de questionar – como Adorno o faz – a ideia de autoria ou as marcas pessoais impressas na obra, mas sim de evidenciar a contribuição de diferentes autorias para a realização dos produtos fonográficos.
[23] Contra a crise dos CDs, Sony-BMG planeja promover *shows*. *Folha de S.Paulo*, 29.7.2007.

Como comentário final, acho que vale a pena refletir se muito do discurso em torno do fim das gravadoras e da indústria fonográfica não se deve a condições tecnológicas fortuitas e a uma oposição ideológica entre *majors* e *indies*/artistas autônomos que prejudica uma melhor compreensão dos papéis desses atores e das especificidades do campo que agora se desarticula. E tudo isso justamente no momento em que os independentes demonstravam condições de passar a responder por uma parcela bem mais representativa desse amplo mercado.

Referências bibliográficas

ADORNO, T. W. A indústria cultural. In: COHN, G. (org.). *Comunicação e indústria cultural*. São Paulo: Cia. Editora Nacional/Edusp, 1971.

_____. Sobre música popular. In: COHN, G. (org.). *Adorno*. São Paulo: Ática, 1986 (Coleção "Grandes Cientistas Sociais").

BENJAMIN, W. A obra de arte na época de suas técnicas de reprodução. In: *Benjamin, Adorno, Horkheimer e Habermas*. São Paulo. Abril, 1980.

BOURDIEU, P. *As regras da arte*. São Paulo: Companhia das Letras, 1996.

HERZHAFT, G. *Blues*. Campinas: Papirus, 1989.

LEE, S. Re-examining the Concept of the Independent Record Company: the Case of Wax Trax! Records. *Popular Music* v. 14/1,13/31, 1995.

MARTIN, G.; WILLIAN, P. *Paz, amor e Sgt. Pepper*; os bastidores de Sgt. Pepper. Rio de Janeiro: Relume Dumará, 1995.

ORTIZ, R. *A moderna tradição brasileira*. São Paulo: Brasiliense, 1988.

PAIANO, E. *O berimbau e o som universal*; lutas culturais e indústria fonográfica nos anos 60. Dissertação de mestrado não publicada. São Paulo: ECA/USP, 1994.

PETERSON, R.; BERGER, D. G. Cycles in Symbol Production: the case of popular music. *American Sociological Review* v. 40, April 1975.

PINHEIRO, A.; PAIVA, F. *SOMZOOM*; música para fazer a festa. Texto apresentado no XXX Congresso Brasileiro de Ciências da Comunicação. Santos, Intercom, Setembro/2007.

VICENTE, E. *A música popular e as novas tecnologias de produção digital*. Dissertação de mestrado não publicada. Campinas: IFCH/Unicamp, 1996.

_____. *Música e disco no Brasil*. Tese de doutorado não publicada. São Paulo: ECA/USP, 2002.

_____. A vez dos independentes(?): um olhar sobre a produção musical independente do país. *E-Compós: Revista da Associação Nacional dos Programas e Pós-Graduação em Comunicação* (www.compos.com.br/e-compos), v. 7, 2006, pp. 1/19-19/19.

WEBER, M. *Os fundamentos racionais e sociológicos da música*. São Paulo: Edusp, 1995.

YÚDICE, G. *La industria de la música en el marco de la integración América Latina – Estados Unidos*: Conferência apresentada no seminário "Integración Económica e Industrias Culturales en América Latina y el Caribe". Buenos Aires, jul/1998. Texto fornecido pelo autor.

ZAN, J. R. A gravadora Elenco e a Bossa-Nova. *Cadernos da Pós-Graduação*, Campinas, IA/Unicamp, v. 2, n. 1, 1998, pp. 64-70.

CAPÍTULO 8

"Essa é pra tocar no rádio"[1]: redundância e experimentalismo na canção de sucesso

HEROM VARGAS

Há dois aspectos intrínsecos ao campo da música popular. Um refere-se ao formato mercantil da canção e sua consequente inserção e desenvolvimento no mercado capitalista urbano de bens simbólicos desde que passou a ser gravada em disco e divulgada maciçamente pelo rádio no início do século XX. Essa condição de produto industrializado tornou a canção popular uma *commodity* e, por isso, foram a ela incorporados todos os elementos e características de um produto para o consumo. Um segundo elemento, também consequência desse, é o leque de relações que ela construiu com a técnica e a tecnologia, em vários estágios, ao longo da história.

Certamente, um primeiro e importante pensador a destacar tais aspectos foi Theodor W. Adorno. Suas proposições destacaram negativamente a configuração da canção de massa: falta de criatividade das composições, redundância nas soluções de arranjo, ênfase nos aspectos não musicais para divulgação dos cantores, técnica como elemento externo à música, entre outras características.

---

[1] Nome de uma canção de Gilberto Gil no disco *Refazenda*, de 1975.

No entanto, o desenvolvimento da música popular no decorrer do século XX demonstrou que a dinâmica da cultura midiática, dentro da qual a canção está inegavelmente inserida, tem mais complexidades do que imaginava o filósofo alemão da Escola de Frankfurt. À medida que os meios de comunicação se expandiram como elementos determinantes no processo de produção da cultura, desde o rádio até a internet, e que as inovações tecnológicas fizeram surgir outros suportes de gravação de áudio, de comercialização da canção e, sobretudo, de audição, a música popular se multiplicou em gêneros, formas, hibridismos e fruições. A pluralidade de cenários e paisagens sonoras ampliou e diversificou as relações entre a música popular e outros âmbitos da cultura e possibilitou novas formas de entendimento do fenômeno acústico. Mesmo a canção constituiu-se ao longo do tempo em linguagem autônoma, com regras e estruturas singulares que a distinguiu tanto da música erudita como da poesia propriamente dita.

Esse contexto de complexidade dificultou o determinismo da visão iluminista sustentada, em boa medida, pela visão adorniana sobre os produtos da indústria cultural. O pessimismo de Adorno quanto às possibilidades de criação estética na canção contaminou boa parte das análises posteriores que, em variadas nuanças, mantiveram a mesma tendência negativa, mesmo na área da comunicação.

A partir desses pressupostos a respeito da música popular, da cultura midiática e da tecnologia aplicada à música, este texto tem o objetivo de refletir sobre algumas possibilidades de criação e experimentalismo na canção popular e demonstrar suas formas de manifestação, à luz das noções de redundância e experimentalismo, em três exemplos na música popular brasileira em décadas recentes: os grupos Titãs e Chico Science & Nação Zumbi e a cantora e compositora Fernanda Porto.

Redundância e estandardização da "música ligeira"

Ligado à música desde os tempos de criança,[2] Adorno desenvolveu suas ideias a respeito da música popular de consumo em, basicamente, dois estudos. O primeiro, intitulado *O fetichismo na música e a regressão da audição* (1989), publicado originalmente em 1938, foi escrito, segundo o próprio autor, como resposta ao artigo *A obra de arte na era de sua reprodutibilidade técnica*, de Walter Benjamin (1987), publicado dois anos antes (cf. KOTHE, 1978, p. 47). Diferentemente de Benjamin, Adorno detectava, no processo de reprodução de canções pelo rádio, disco, propaganda e filmes, uma ação de "degeneração da música" e de "decadência do gosto musical". O segundo texto, *Sobre música popular* (1994), publicado originalmente em 1941, buscava mostrar os aspectos que diferenciavam a música "séria" da "ligeira".

A chave para a "degeneração" da experiência musical se encontrava, segundo o autor, na transformação das obras de arte em bens de consumo dentro do sistema capitalista e sua consequente "coisificação". Para Adorno, o valor de troca se sobrepôs ao valor de uso e deu relevo à aparência e à imediaticidade do produto cultural. É o que o autor chamava de fetichismo na música: "Os efeitos que se dirigem para o valor de troca criam a aparência do imediato, e a falta de relação com o objeto ao mesmo tempo desmente tal aparência" (ADORNO, 1989, p. 87).

Na verdade, imprimiu-se na música a superficialidade típica da mercadoria que facilita sua assimilação por parte dos ouvintes. A atração causada pela canção pautava-se pela insistente repro-

---

[2] A mãe cantora e uma tia que morava com a família instigaram o gosto musical de Adorno, que iniciou cedo no piano, paralelo aos estudos de filosofia, sociologia e psicologia. Formado na universidade, teve o compositor Alban Berg como professor e fez contatos com os compositores ligados a Arnold Schoenberg. Sua formação musical balizou grande parte de sua produção teórica marcada pelos polos temáticos de sua formação: sociologia e música. Não se tornou um musicólogo, mas escolheu ser um sociólogo da música, como ele próprio se definia (cf. JAY, 1988, p. 119).

dução e divulgação das músicas – *plugging*, segundo Adorno (cf. 1994, p. 125) –, o que encobria, no ouvinte, qualquer possibilidade consciente de discernimento a respeito do que ouve. Segundo o autor, o gosto pela música se dava mais pelo costume de ouvir sempre a mesma canção ou as mesmas estruturas musicais em canções aparentemente distintas, como força do hábito de audição inconsciente. Enquanto a música "séria" [...] "tem sua história na fuga da banalidade", a "ligeira" [...] "contribui ainda mais para o emudecimento dos homens, para a morte da linguagem como expressão, para a incapacidade de comunicação" (ADORNO, 1989, pp. 83 e 80). Assim, a diferença seria padronização e redundância, na música popular, e criatividade, na "séria".

Essa distinção era explicada por Adorno pelas relações entre as partes e o todo da canção. Na música popular, qualquer uma de suas partes – introdução, refrão, solos etc. – poderia ser substituída sem que a estrutura da obra se modificasse. Isso facilitava a audição, dispensando maiores graus de atenção para seu entendimento. Caso houvesse algum elemento de inovação, o ouvinte se distanciaria, pois não reconheceria uma "naturalidade" na música.[3] Mesmo ocorrendo uma ou outra alteração, tais mudanças seriam superficiais ou temporárias, fazendo a música voltar ao padrão assim que a alteração cause algum tipo de distanciamento do ouvinte.

O inverso ocorreria na música "séria". Usando como exemplos duas peças de Beethoven, mostrava que nelas cada "detalhe deriva seu sentido musical da totalidade concreta da peça, que, em troca, consiste na viva relação entre os detalhes, mas nunca na mera imposição de um esquema musical" (ADORNO, 1994, p. 117). Os detalhes tornam-se fundamentais para a compreensão e expressividade da música, sendo impossível sua substituição sem

---

[3] Trata-se da "soma total de todas as convenções e fórmulas materiais na música, às quais ele [o ouvinte] está acostumado e que ele encara como a linguagem simples e intrínseca à própria música" (ADORNO, 1994, p. 122).

demolir a estrutura integral da peça. Assim, o fato de os aspectos singulares se relacionarem com o todo musical leva a música "séria" a fugir da "estandardização" típica da canção popular.[4]

O interesse do público pela canção da moda estaria mais próximo da atração pelo sucesso e da sensação de estar de acordo com a maioria dos ouvintes do que em relação à música em si, situações em que a aparência determina o que é bom.

Adorno indicava que a voz, o culto ao instrumento e a prática dos arranjos disseminados sem critérios são os itens pelos quais esse fetichismo se manifesta. Para o autor, é o uso que se faz da voz pela música comercial que lhe causava preocupação. Para ser um cantor bastaria ter uma boa voz e, para ter sucesso, não seria necessário dominar as técnicas vocais. Algo parecido acontecia com o culto aos mestres do violino:

> Cai-se prontamente em estado de êxtase diante do belíssimo som convenientemente anunciado pela propaganda de um Stradivarius ou de um Amati; no entanto, só podem ser distinguidos de um violino moderno razoavelmente bom por um ouvido especializado, esquecendo-se de prestar atenção à composição ou à execução, da qual sempre se poderia ainda tirar algo de valor (ADORNO, 1989, p. 86).

Quanto aos arranjos, Adorno criticava a vulgarização dos arranjadores ao utilizarem os "achados" musicais, arrancando-os de seu contexto criativo de origem e montando panoramas sonoros mistos sem perceber as razões que sustentariam tais estruturas.

Outro tema que nos interessa refere-se às relações entre música e tecnologia. Aqui, Adorno também se manteve cético.

---

[4] Um ponto de vista oposto a esse de Adorno, envolvendo também as relações entre o todo da obra e o detalhe, é trabalhado por Jan Mukarovsky (1977). Segundo este autor, a canção popular, diferente da "obra de autor", tem uma estrutura peculiar construída a partir de um mosaico de detalhes, aparentemente desconexos entre si e em relação ao sentido integral da obra. Essa configuração apresenta-se de maneira diferenciada e exige, para ser desvendada, uma nova visão a respeito da canção que prescinde da totalização típica da obra erudita.

Para ele, a técnica da indústria cultural seria apenas a utilização de procedimentos advindos do desenvolvimento tecnológico aplicados à produção e à divulgação cultural. Tratava-se não de técnicas oriundas da dinâmica interna da obra de arte, mas sim simplesmente de algo exterior a ela. A indústria cultural se caracterizaria por utilizar "a técnica extra-artística da produção de bens materiais, sem se preocupar com a determinação que a objetividade dessas técnicas implica para a forma intra-artística" (ADORNO, 1977, p. 290).

Isso retoma a questão da autonomia da obra de arte e vem ao encontro de um projeto típico da modernidade, com raízes no Romantismo. A defesa da autonomia da obra e do produtor artístico apareceu quando o artista romântico se distanciou da "condição de mero produtor de mercadoria" e conduziu "a obra de arte em direção à sua afirmação enquanto objeto autônomo, dotado de leis inerentes à sua estrutura de linguagem fixa e autossuficiente" (MENEZES, 1994, p. 47). Essa polêmica ressurgiu com o avanço do processo de industrialização sobre o lazer e os objetos artísticos no início do século XX, para tentar apagar os limites entre os bens de consumo e a obra de arte. O processo foi detectado pela inscrição da arte nos padrões nascentes do mercado e alterou critérios básicos de valoração do produto artístico para exprimir-se enquanto mercadoria. Disso veio o intuito de reservar no mercado um espaço particular ao produto artístico não identificado diretamente com o consumo imediato.

A noção iluminista de "obra de arte autônoma", independente dos eventos externos e como paralelo à busca de uma verdade estético-filosófica, é originária dessa tradição de combater, de maneira radical, a mercantilização e a estandardização da arte. Adorno, seguindo a trilha, propôs também uma independência da obra de arte a partir de seu distanciamento do consumismo para que não se desintegrasse na esfera irracional do sistema industrial (cf. MENEZES, 1994, p. 65).

Sobre as conexões entre arte e tecnologia, Adorno encontrava-se na citada polêmica com Walter Benjamin, com relação ao artigo *A obra de arte na era de sua reprodutibilidade técnica*. Enquanto este enxergava possibilidades positivas na utilização das técnicas de reprodução da obra de arte – o que poderia, conforme seu uso, abrir um leque potencial de atuação das massas para estabelecer uma arte politicamente progressista –, Adorno era cético quanto à utilização dessas técnicas exteriores à obra, pois achava que havia um potencial mais genuíno de emancipação no desenvolvimento das técnicas artísticas internas das obras de arte aparentemente autônomas.

Essas proposições de Adorno vinculavam-se à sua visão iluminista, por relacionar a percepção artística a um nível eminentemente ético de redenção do homem e negar o vínculo entre arte e prazer sensorial embutido na estrutura da cultura de massa e da indústria cultural. Segundo Menezes (1994, p. 171), para Adorno a "admissão do prazer na arte seria a rendição desta à sua condição de mercadoria da indústria cultural, sua redução à condição de obra de arte reificada".

Ao criticar a ação da "razão tecnológica", personificada nas tecnologias de reprodução sonora e de divulgação massiva da canção, Adorno negava qualquer possibilidade de criação estética na música popular comercial. Via, no máximo, uma criatividade popular, tradicional e legítima, desintegrada pela estandardização e pela mercantilização da música (cf. PUTERMAN, 1994, pp. 17-18).

Dinâmica da música popular

Apesar das limitações, não significa que as ideias de Adorno estivessem (ou estejam) de todo erradas. O que esse pensador alemão detectou existe e é facilmente percebido, daí sua fundamental importância.[5] Porém, reduzir todas as manifestações da música popular a essas características apontadas é cair num reducionismo temerário. Claro que há canções com nítido caráter comercial e de fácil audição, com um texto sonoro redundante e previsível, uma letra de fácil apelo, que se submetem sem críticas à divulgação massiva etc. Mas daí inferir que todas são estruturadas dessa forma ou que não haja inovações nesse campo é dar um salto perigoso.

Adorno não levou em consideração que a música popular possui dinâmica e linguagem totalmente diferenciadas da música erudita e que qualquer ação no sentido de conhecê-la empiricamente deveria levar em conta tal pressuposto. Mesmo ao separar radicalmente a experiência musical em "séria" e "ligeira", o autor ouvia a música popular com ouvidos de quem aprecia a música erudita de vanguarda. Talvez por isso quase só se referisse ao âmbito musical das canções comerciais, deixando de lado a análise das letras, das relações entre letra e melodia e entre arranjo instrumental e letra, dos dados de performance, entre outras singularidades da canção popular.

A aplicação pura e simples das posições adornianas é incongruente com o perfil intersemiótico da canção e, em parte, também com o contexto cultural no qual ela se desenvolveu. Sua estrutura de interface de linguagens, os vínculos com as dinâmicas da cultura midiática, sua disposição ao hibridismo e sua fruição performatizada colocam questões e entendimentos de maior complexidade e atentos às séries de relações não consideradas pelo filósofo alemão.

A consolidação do produto cultural e da estrutura semiótica denominada canção popular, apesar das origens remotas,

---

[5] Sérgio Paulo Rouanet (1987, p. 12) mostra que, "depois de Adorno, não é possível escamotear o lado repressivo da razão a serviço de uma astúcia imemorial, de um projeto imemorial de dominação da natureza e sobre os homens". Ver também, em especial, o artigo *Razão negativa e razão comunicativa*, no mesmo livro.

deu-se no decorrer do século XX. No formato que conhecemos, não é exclusivamente um produto comercial, e sua audição não se restringe a um tipo de fruição simplesmente alienado. A canção popular é, em grande medida, produto das relações com as mídias. Isso é mostrado por recentes pesquisas de Heloísa Valente (cf. 2003) – ao explicar as transformações do canto a partir das alterações das formas e dos equipamentos de gravação –, por Jonathan Sterne (cf. 2003) – ao discutir as interferências das tecnologias de gravação e de reprodução sonora na audição –, e por algumas observações de Luiz Tatit (cf. 2004) sobre a fixação do samba carioca a partir do disco.[6]

Se as artes mais antigas (plásticas, teatro, literatura e arquitetura) construíram para si um grande leque de teorias, elementos de consagração no campo da estética, foi apenas neste último século que tal arcabouço conceitual e de experimentação estruturou-se nas artes surgidas com as indústrias culturais, em especial a fotografia, o cinema e a música popular: os dois primeiros nasceram respectivamente com a câmera e o cinematógrafo no final do século XIX; a terceira, que já existia anteriormente nas versões orais e performáticas, desdobrou-se em gêneros e formas com a fixação em disco e a divulgação massiva pelos meios de comunicação consolidados no século XX.

A canção popular é um produto híbrido por sua própria natureza. Ela envolve, de formas variadas, três linguagens básicas e suas interfaces: letra, música e performance. Edgar Morin (1973), de forma ampliada, nomeia essa característica como "multimensionalidade", ou seja, a constituição da canção como fenômeno não apenas de letra e música, mas que também envolve o corpo (enquanto dança ou performance do músico), as técnicas (de gravação e de amplificação sonora), os vínculos com

---

[6] Segundo Tatit (2004, p. 35), "o encontro dos sambistas com o gramofone mudou a história da música brasileira e deu início ao que conhecemos hoje como canção popular".

os meios de comunicação e, inclusive, a relação mítica entre os músicos e seus fãs.

Outro aspecto curioso do hibridismo da canção, ao qual poucos prestam atenção, é a tendência que a música popular tem de relacionar, de forma criativa, diversos âmbitos da cultura: o popular-tradicional, o erudito-elitista e o massivo, talvez com potência maior em relação a outras linguagens (cf. WISNIK, 1979-1980). Não que isso não ocorra em outras áreas artísticas. Há casos na literatura, na dança e nas artes plásticas de incorporação, por exemplo, de elementos populares. Porém, quando isso ocorre nessas linguagens, a dimensão que se preza é a do universo erudito e letrado. Na canção popular, dados provenientes desses níveis se relacionam em múltiplos sentidos, como é possível perceber nas obras de diferentes compositores, como Villa-Lobos, Tom Jobim, Tom Zé, Hermeto Paschoal, Chico Buarque, Caetano Veloso e nos exemplos discutidos a seguir.

Desde suas origens, a canção traz a marca da performance.[7] Seus aspectos corporais – tanto na criação quanto na recepção, no canto e nas ações dos músicos – são percebidos nos contextos de execução-transmissão-escuta. Mesmo midiatizada, tais características coreográficas e performáticas se mantêm, haja vista a repercussão que alguns gêneros têm em eventos vinculados à mídia, como festivais e *shows*.

Outra eminência do hibridismo, facilmente verificada no contexto latino-americano, é a mistura criativa de ingredientes culturais de diversas latitudes, o que marca uma característica própria da música popular do continente. Em grande medida, vários

---

[7] Segundo Paul Zumthor, "a performance aparece como uma ação oral-auditiva complexa, pela qual uma mensagem poética é simultaneamente transmitida e percebida, aqui e agora. Locutor, destinatário(s), circunstâncias acham-se fisicamente confrontados, indiscutíveis. Na performance, recortam-se os dois eixos da comunicação social: o que reúne o locutor ao autor; e aquele sobre o qual se unem situação e tradição" (ZUMTHOR, 1993, p. 222).

gêneros da América Latina foram formados e se desenvolveram num regime de intensas triagens, adaptações e mesclas culturais: o tonalismo europeu, os modalismos indígenas, as polirritmias africanas, os múltiplos instrumentos colocados em sintonia, as variadas formas de canto, os materiais novos e diversos para construção de instrumentos, as maneiras distintas de tocá-los e as alterações rítmicas, todos esses elementos entraram em combustão nas Américas, em especial no espaço latino-americano, para gerar uma variedade de gêneros de reconhecida riqueza.[8] Se, hoje, com as atuais possibilidades tecnológicas, as misturas são uma regra, já o eram, culturalmente, na América Latina desde a colonização.

Percebe-se, ao observar a multiplicidade e a complexidade de elementos que se colocam na música popular, que não é possível separá-la do universo no qual está inserida: culturalmente, sua capilar inserção na sociedade lhe confere extrema importância como objeto de estudo nas ciências sociais; tecnicamente, são as mídias que lhe deram forma e a sustentaram até hoje; na estética, ao avaliá-la, de forma clara e consequente, nas interfaces que produz, revela-se um produto artístico de grande riqueza. Por isso, é importante a reflexão sobre a dinâmica da inovação e do experimentalismo na canção popular, longe do pessimismo iluminista, do folclorismo romântico ou da rigidez erudita, mas analisando as relações que a canção tem com a cultura midiática e seus desdobramentos criativos.

Experimentalismo e inovação na canção popular

É comum relacionar a inovação e o experimentalismo na arte com as vanguardas históricas no início do século XX. Foi no contexto da modernidade que tais movimentos se pautaram pela busca da novidade em contraposição à padronização da

---

[8] Ver mais detalhes dessa característica híbrida no apêndice *Hibridismo e a música popular na América Latina* (VARGAS, 2007, pp. 185-231).

produção estética em vigor. As experiências colocadas em prática orientaram a produção artística para formatos e resultados nunca imaginados, levados a cabo com a aproximação entre arte e vida cotidiana, incorporação das novidades do mundo urbano moderno e das tecnologias que eram criadas, contrapondo-se, inclusive, à estandardização que também começava a se impor pela nascente indústria cultural.

O conceito de experimentalismo envolve a noção de uma prática laboratorial. Nele, lança-se mão de uma série de técnicas, materiais e seus respectivos substratos culturais com o objetivo de equacionar a estética dominante sob novos padrões. Umberto Eco (cf. 1970, pp. 235-236) desvenda alguns aspectos da prática experimental na música erudita ao apontar para o conceito científico do método experimental adotado pelas vanguardas:

> O artista contemporâneo, no momento em que começa uma obra, põe em dúvida todas as noções recebidas acerca do modo de fazer arte, e determina de que forma tem de atuar como se o mundo começasse com ele ou, ao menos, como se todos os que o precederam fossem mistificadores que é necessário denunciar ou por em juízo [...]. O artista contemporâneo se comporta, ao contrário, como o revolucionário; destrói totalmente a ordem recebida e propõe outra. Mas no sentido de que toda obra que empreende tem para ele o valor de um acontecimento histórico, que em política ocorre uma vez a cada século. O artista contemporâneo se dispõe cada vez mais a "debutar no vazio" sempre que colhe em mãos um pincel ou empreende qualquer tipo de composição.

Essa noção de experimentalismo, vinculada ao território da modernidade, aproxima-se das vanguardas pelo desejo que havia de romper com os padrões vigentes pela prática de experimentar diferentes materiais e formas, num ímpeto de inovação revolucionária. As ideias de "novo" e de "radicalidade" eram fundamentais, pois carregavam o caráter da invenção, do vigor da inovação sobre a manutenção do comum. Da mesma forma, era importante a ideia de estranhamento. Embutido nos planos semântico, formal ou sintático-estrutural da obra de arte, tal procedimento tinha o objetivo de causar um choque no espectador no momento da recepção da obra ao induzi-lo a repensar seus condicionamentos socioculturais. Tratava-se de um ato engajado de caráter revolucionário e utópico, que visava abalar as estruturas perceptivas e de valoração estética em vigor no mercado de bens simbólicos.

No entanto, no contexto cultural do século XX, é importante pensar sobre a nova ambientação desses conceitos. O ímpeto transgressor das vanguardas já não possui mais lugar no âmbito da sociedade pós-industrial. Suas estratégias radicais e também as do modernismo tornaram-se norma na arte contemporânea, institucionalizaram-se e perderam a força inicial. Os meios de comunicação de massa, a publicidade, as tecnologias digitais e a internet, por sua vez, lançaram mão de artifícios e estratégias do experimentalismo como álibi para atração de atenções. Resoluções gráfico-visuais inusitadas construídas pelos ambientes virtuais, sonoridades estranhas *sampleadas* e digitalizadas, materiais pouco usuais e toda uma série de atitudes contundentes postas em prática no início do século XX estão, agora, a serviço da cooptação perceptiva de um público ávido pelo *status* do consumo. O mesmo é possível dizer do artifício do estranhamento: pensado inicialmente como um choque na recepção, ele é incorporado constantemente pelas estruturas das mídias eletrônicas diminuindo sua força inicial.

Por isso, é possível dizer que essas ideias de experimentalismo e de artista revolucionário tornaram-se anacrônicas no decorrer do século passado, na medida em que falar em experimental no contexto da sociedade pós-industrial é negar "que se trata de uma operação que tenha algo a ver com o mundo em que vivemos e insinua que se trata simplesmente de um experimento de laboratório" (ECO, 1970, p. 239). O que o semiólogo italiano destaca é a ineficácia dessa ação dentro da contemporaneidade cuja marca é a rotinização, pela "estética industrial", das formas artísticas criadas pelo experimentalismo das vanguardas.

Um dos aspectos do experimentalismo dentro do que se convencionou chamar de pós-modernidade[9] é exatamente "quando a própria arte oficial e acadêmica lança mão dos procedimentos e técnicas da vanguarda para repeti-los à exaustão a fim de torná-los objetos artísticos de consumo" (MENEZES, 1994, p. 165). Além disso, a rotinização do experimental e, consequentemente, a vulgarização da "novidade" acabaram por desintegrar os limites conceituais entre as chamadas culturas erudita, popular e de massa, principalmente, pela expansão dos meios tecnológico-digitais de reprodução e de comunicação de massa que disseminaram, na vida cotidiana, os experimentos estéticos típicos dos bens simbólicos da "alta" cultura.

A utilização das novas tecnologias eletrônico-digitais na arte, além de reestruturar seus espaços tradicionais, altera ainda a recepção do espectador. Tal recepção, dentro desse território de integralização cotidiana do fato estético, tende a se transformar em mera fruição e imediata absorção de formas estéticas sem um mínimo rebuscamento teórico-semântico. A vida cotidiana é transformada numa vivência de fenômenos de experiência estética, como se a sociedade "se transformasse no objeto da experimentação nos redutos e situações mais comuns" (MENEZES, 1994, p. 169).

Essa ideia nos abre a possibilidade de ver como característica básica da sensibilidade pós-moderna a "fruição estética, sensorial, dos fatos da vida" (MENEZES, 1994, p. 170), o que nos coloca esse caráter meramente sensorial e sem densidade teórica como

---

[9] Sobre as polêmicas que envolvem o termo pós-modernidade e a situação pós--moderna, ver os trabalhos de Andreas Huyssen (1991), Philadelpho Menezes (1994) e Steven Connor (1992).

dados básicos do experimentalismo contemporâneo nas artes. Tal caracterização coloca em xeque também o que se convencionou chamar de criação estética, pois não existe mais a ideia do "novo", mas apenas a reciclagem de materiais já existentes colocados como "novos" a partir de distintas configurações formais.

Apesar do viés negativo dessas observações sobre o experimentalismo atual, a dimensão sensorial da arte contemporânea tem muito a ver com a canção, pois ressalta nela a dimensão do espetáculo, pouco entendida pelos teóricos mais tradicionais. Pensada como pura vivência biológica do organismo (cf. MACHADO, 1975), a música popular apresenta-se esteticamente não só como um signo que indicia ou simboliza determinado objeto, mas, acima de tudo, como uma "presentificação" material do corpo, do gesto, de sons e ruídos, da palavra como entoação e vibração física (e não preenchida pela dimensão do significado), de uma presença que extrapola a simples ação de significação do espetáculo). A cena espetacular, por sua vez, mostra-se à razão que busca seu entendimento mais como conjunto de qualidades latentes de ação e força de intenção do que como marcas de referências externas; mostra-se mais como ícone, em toda a sua intensidade qualitativa, do que como índice ou símbolo.[10] A sensorialidade espetacular já havia sido abordada por Walter Benjamin (cf. 1987, pp. 192-193) ao tratar do tipo de percepção que envolve a arquitetura definida como "recepção tátil", ou seja, uma maneira de perceber a obra de arte não pela contemplação atenta ou recolhimento devoto, mas pelo fluxo contínuo da distração e envolvimento tátil e sensorial entre receptor e obra.

Esse nível estético da canção é pouco discutido. Presta-se mais atenção às inflexões do canto e do texto sonoro, ao burilar literário das palavras ou, no máximo, às relações entre esses

---

[10] Adotam-se aqui *ícone*, *índice* e *símbolo*, terminologias criadas por Charles S. Peirce.

aspectos. Pouco se fala do espetáculo como significante nas relações que efetiva com algum signo poético ou musical, e muito menos dele como pura vivência. Isso pode ser pensado como uma dificuldade da "razão ocidental" em explicar tal fenômeno (cf. MACHADO, 1975). Manifestações como o espetáculo musical visam exatamente violar a rigidez dessa razão e renová-la com a eucaristia profana da simples presença do corpo em festa. Como já falou Nicolau Sevcenko (1986, p. 71), numa defesa da condição pós-moderna perante a racionalização da arte e da vida:

> Se a razão instrumental tornou-se um sinônimo da própria modernidade, seu núcleo mesmo de identificação, a tentativa de resistir a ela, de negá-la numa palavra, a senda aberta por uma perspectiva pós-moderna consiste justamente em buscar aquela "produtividade dos atos", aquele "homem não teórico", assinalados por Goethe e por Nietzsche. Uma tentativa baseada no esforço por enraizar a criação nas práticas sociais concretas e desdobrá-la no chão rugoso, incerto e instável das diferenças e descontinuidades que as caracterizam. O esforço estratégico de evitar o espaço homogêneo e sem substância do discurso, onde a razão instrumental, em sua obstinação desenfreada, representa ao mesmo tempo todo o universo e coisa nenhuma.

No entanto, falta uma reflexão sobre esses dados relacionados ao experimentalismo pós-moderno e, em especial, na música popular. A discussão levantada por Philadelpho Menezes situa-se no âmbito da poesia e das artes plásticas. Deslocá-la para o território da canção necessita de nova adequação.

Em primeiro lugar, dizer que a inovação e o experimentalismo não provocam mais as mesmas reações que produziam antes não significa que toda a sociedade acostumou-se a constantes estranhamentos. Isso, na verdade, nunca chegou a acontecer. Pode haver mais alterações e em maior grau em relação ao passado, mas tratar essas respostas da sociedade como costume é prescindir da tendência à padronização que toda cultura, em seu cerne, tem.

Da mesma forma, não significa que inovação e experimentalismo não possam ser redimensionados, utilizados em novos contextos e com outros sentidos. Explorar as novas possibilidades da experimentação, sobretudo aquelas materializadas pelas tecnologias digitais, sempre foi considerado um exercício frutífero. As tendências da música eletrônica são exemplos cabíveis desse processo (cf. LÉVY, 1999).

Em terceiro, se tais procedimentos experimentais e inovadores se espraiaram em diversos níveis da vida cotidiana, envolvendo maior acessibilidade e mais popularidade, inegavelmente, um dos produtos midiáticos que se aproveitou dessas condições foi a música popular. Ela foi uma das áreas em que se buscou estabelecer contatos criativos entre experiências inovadoras e estruturas aparentemente redundantes das mídias, mesmo dentro de seus territórios e envolvendo suas formas de produção, mecanismos de divulgação e experiências de audição. Em outras palavras, tratou-se de exercitar os limites do conceito "canção de sucesso", criar obras inovadoras que fossem divulgadas pelas mídias e, ao mesmo tempo, realizar os papéis de sucesso no mercado musical, contemplar os mecanismos de lucro de gravadoras e de outros agentes ou, inclusive, explorar com destreza formas alternativas de produção e divulgação da obra musical. Em resumo, estabelecer ações criativas e consequentes dentro das instâncias de consagração do mercado de bens simbólicos midiáticos: vendagem de discos, músicas tocadas nas rádios, presença em programas de TV e rádio, repercussão na imprensa, apresentações em grandes *shows* etc.

Três casos de experimentalismo na música popular brasileira

Tais ações criativas dentro da música popular só puderam ser levadas a cabo a partir do trabalho de compositores e músicos preocupados com os desdobramentos da linguagem da canção e com a inserção de seu trabalho no mercado.

Na história da música brasileira, um momento de destaque e de grande riqueza no que se refere à criatividade e às relações inovadoras entre a canção e seu entorno cultural midiático foi o tropicalismo. Esse movimento foi o primeiro a pensar a linguagem da canção popular de forma ampla e a incorporar as relações criadas entre ela, o mercado e as mídias (cf. FAVARETTO, 1996, pp. 121s). Por mais que a bossa-nova tivesse antecipado algumas dessas conexões, ao trabalhar com um perfil de inovação no final dos anos 1950, foram os tropicalistas que carnavalizaram a TV e os festivais de MPB, que introduziram novos elementos aos arranjos trazidos pelos maestros Julio Medaglia e Rogério Duprat,[11] que, enfim, encararam a canção como produto do mercado e, não sem polêmicas, levaram às últimas consequências as possibilidades de experimentação abertas pelo contexto político-cultural e pelo estágio tecnológico da época.

Depois dos anos 1960, muitos compositores e músicos admitiram a herança do tropicalismo. Walter Franco, Jards Macalé, Os Novos Baianos, Secos e Molhados, Arrigo Barnabé e Itamar Assumpção, entre outros, são devedores, em determinado sentido, do movimento e continuaram a "linha evolutiva" da música popular brasileira.

Além desses, há três outros momentos em que a alma do experimentalismo, criativo e provocador, dentro dos limites dinâmicos do mercado da música popular, com muito ou pouco uso da tecnologia, apareceu de forma complexa e importante: o trabalho do grupo de rock Titãs, nos anos 1980, a produção dos pernambucanos Chico Science & Nação Zumbi, nos anos 1990, e algumas músicas de Fernanda Porto, nos anos 2000. Cada um deles construiu, a seu modo e dentro de suas propostas e condições, obras importantes que exercitam os limites da criação na música popular massiva.

---

[11] Vale lembrar que o maestro Rogério Duprat fez vários trabalhos em televisão e atuou como arranjador e parceiro em vários discos do grupo de rock "Os Mutantes".

Exercícios titânicos

Os Titãs apareceram no cenário brasileiro nos anos 1980, ao lado de outros grupos de rock de São Paulo (Ira!, Ultraje a Rigor, Fellini), Rio de Janeiro (Blitz, Barão Vermelho, Paralamas do Sucesso) e Brasília (Legião Urbana, Capital Inicial). Com eles, criaram uma geração de bandas num período de abertura política e redemocratização, com o fim da ditadura militar em 1985.

O rock da geração 80 não teve uniformidade estética: se houve grupos que trabalharam com a sátira (Blitz e Ultraje a Rigor), houve também os envolvidos com o punk e o protesto (Ira!, Legião Urbana e Capital Inicial), outros cujo trabalho foi influenciado pelos ritmos caribenhos (Paralamas do Sucesso), os mais alternativos (Fellini) e assim por diante.

As principais influências dos Titãs foram o punk rock e a new wave. Mais distante, é possível identificar traços da jovem guarda dos anos 1960 e dos trabalhos experimentais de compositores e grupos pós-tropicalistas dos anos 1970, como Walter Franco, Os Mutantes e Aguilar e a Banda Performática. Uma das características da banda nos anos 1980 era a utilização de elementos estéticos pouco usuais na música pop e no rock, ao mesmo tempo que mantinham uma relação estreita com os mecanismos da indústria cultural (rádio, TV e gravadora) e com os parâmetros da canção de sucesso (músicas com refrão marcante e ritmo para dança, repetição nas rádios, músicas em trilhas de telenovelas, *shows* lotados, publicidade etc.). Os elementos mais "estranhos" aparecem tanto em canções menos conhecidas, com pouco sucesso por serem mais "difíceis" para o grande público (segundo um conceito geral presente na indústria fonográfica), como também nas de maior sucesso e amplo consumo.

É possível qualificar algumas canções dos Titãs pelas inovações usadas visando, basicamente, a três pontos:

- de algum modo, exercitar as possibilidades de criação na música popular, procurando expandir aqui ou ali as fronteiras entre o aceitável e o inaceitável, a regularidade e o desequilíbrio;
- trazer para a linguagem da canção informações testadas em outros contextos semióticos, sobretudo da poesia visual e da performance;
- fazer da própria canção um campo de interações entre veículos de reprodução, meios tecnológicos, suas diferentes técnicas e entre posições conceituais, estéticas e morais conflitantes que permeiam a percepção do público (VARGAS; ROSSETTI, 2005, p. 80).

Essas ações são exercícios que quebram as expectativas dos ouvintes pela desconstrução de determinados padrões e pela inserção da novidade. Por exemplo, algumas letras não têm a função de contar uma história, com uma narrativa linear e fácil de ser apreendida pelo ouvinte. Outras não trazem um sentido aparente: ora atuam no limite do *nonsense*, ora recuperam uma totalidade pelas relações entre fragmentos em forma de mosaico. Observa-se em algumas canções a presença de elementos da tradição da poesia visual aplicados à construção da letra. Na parte propriamente musical, há relações curiosas construídas entre letra e arranjo, entre a instrumentação (instrumentos elétricos, *samplers*[12] etc.) e as vozes e outras possibilidades.

O terceiro disco dos Titãs (e um dos mais vendidos) foi *Cabeça dinossauro* (1986). Nele, há o funk *O que*, composto por Arnaldo Antunes, bastante representativo da experimentação do grupo e de grande sucesso na época. A letra limita-se à estranha frase: "Que não é o que não pode ser", repetida inúmeras vezes, de muitas formas entoativas. A frase é recortada em vários tre-

---

[12] Equipamento eletrônico-digital que grava e reproduz, de forma modulada e sob controle, trechos de músicas ou timbres de instrumentos.

chos, respeitando sempre sua sequência, sendo cantada inteira apenas no refrão.

Essa letra era um poema de Antunes publicado no livro *Psia* (1991 – 1. ed. 1986). No livro, a frase foi escrita em círculo, com o fim ligado ao começo, o que explicitou seu caráter caligrâmico e impediu a noção linear da narrativa com início e fim. Em cada repetição da frase, mudam as posições de início e fim dos trechos cantados, sem alterar a sequência original: "Que não é o que não pode ser que / Não é o que não pode / Ser que não é / O que não pode ser que não".

No livro, é o leitor que decide a forma de ler o poema. Ao contrário, na canção é a performance vocal do cantor, obrigado a começar por um ponto, que escolhe os trechos para serem cantados. Como a frase multiplicada freneticamente não possui um significado próprio e único, a entonação vocal dos trechos busca dar possíveis sentidos a eles. No entanto, os significados ficam dissimulados, sem formar um todo fechado, se entrecruzam, chocam-se, negam-se na lúdica dança de palavras em canto. É a entonação, manifestação performática da voz em canto, que sugere ao ouvinte a semântica possível. Mesmo que tais possibilidades escapem rapidamente, pois as frases não têm relação de continuidade gramatical ou narrativa.

O arranjo musical procurou respeitar, numa tradução intersemiótica, a estrutura cíclica: criou-se uma célula de quatro compassos com uma frase de baixo repetida durante toda a canção. Sobre essa frase renovam-se, em variações, a marcação da bateria, vozes, guitarras, efeitos eletrônicos (*sampler*, bateria eletrônica) e pausas, formando combinações diversas entre timbres e tessituras sonoras. Essas variações formam um texto paralelo às possibilidades de entendimento dos trechos cantados, apesar de repetitivos nas estruturas. Não à toa, a circularidade minimalista da letra e do instrumental nos chama a atenção por reproduzir o ritual do espetáculo. Isso é nítido na lógica modal do pulso cíclico e na relação entre os Titãs, no palco, e a plateia: com a repetição, a frase e o som, incorporados pelo público e pelos músicos, se mesclam às performances dos membros da banda que dialogam com as possibilidades de sentido da letra.

Pode-se dizer que a canção relativiza a preponderância de certezas e verdades porque o *nonsense* da letra elimina o nível semântico tradicional. Certamente, a canção O *que* corporifica a crise de linguagem, ao desvencilhar os signos dos objetos por eles designados e manter apenas o som, o tom, a voz, o corpo em dança, as frequências das vibrações, todos distantes dos limites da semântica.

Outra música inventiva dos Titãs é *Nome aos bois*, composta por Nando Reis, Arnaldo Antunes, Marcelo Fromer e Toni Bellotto e gravada no disco *Jesus não tem dentes no País dos Banguelas*, quarto LP do grupo, de 1987. Nela, o grupo usa o procedimento da enumeração, que traz um sentido geral detectado no conjunto da letra. A canção relaciona nomes de 34 pessoas conservadoras ligadas a ditaduras ou a governos repressivos, inclusive do Brasil, empresários de índole suspeita, machistas confessos, líderes religiosos com ambições materiais, heróis nacionais da história oficial de perfis duvidosos etc. São cantados pelo baixista Nando Reis com uma voz forte e gritada, sobre o som distorcido das guitarras e a marcação arrastada e constante do baixo e da bateria.

Essa enumeração desmonta a realidade em fragmentos que caracterizam a temática conservadora. No caso dessa canção, os nomes dos personagens se organizam pela sonoridade ruidosa do arranjo musical (rasura sonora que liga metaforicamente os conceitos expressos pela qualidade negativa do ruído) e pelo título jocoso e irônico, expressão popular que significa apontar responsáveis por algo errado ou ilegal. Assim, os "culpados" na letra acabam sendo indicados, ironicamente, como "bois", o que dá espaço para o riso cômico que dessacraliza as personalidades estabelecidas. Ao final, um urro escatológico fecha o processo de desconstrução.

Um destaque importante é a noção de história que a letra traz. Não há discurso ou narrativa que organize de forma linear os nomes pronunciados. Não se aponta para este ou aquele, muito menos as razões para a "denúncia" que, aparentemente, nada denuncia. Sem verbos que indicam ação, a história fica subentendida e sugere ao ouvinte buscar razões para tais personagens estarem colocados dessa forma. Não há também adjetivos ou quaisquer complementos de localização geográfica ou temporal. Ao contrário da história oficial, os "heróis nacionais" General Custer e Borba Gato, imortalizados pela expansão das fronteiras de seus respectivos países (EUA e Brasil), são tratados aqui, implicitamente, por seus atos negativos (matar índios, por exemplo).

Outra canção que recupera a enumeração como recurso estético é *O pulso*, de Arnaldo Antunes, Marcelo Fromer e Toni Bellotto, do disco *Õ Blésq Blom* (1989). A letra, cantada por Antunes, cita uma série de doenças misturadas a seis características e sentimentos negativos do homem: ciúmes, rancor, raiva, estupidez, hipocrisia e culpa. O canto é simplesmente falado sobre um texto sonoro permeado por sons eletrônicos que mimetizam batimentos cardíacos e, no final, uma voz de timbre sintetizado pronuncia a palavra "pulso" na mesma frequência dos batimentos do coração.

Há três elementos curiosos que colocam em xeque a noção de canção de sucesso, fácil de ouvir e entender. O primeiro deles se mostra pelas rimas internas ou nos finais das frases, pelas assonâncias e aliterações que aproximam o ouvinte pelo prazer rítmico-melódico da sonoridade do texto. O segundo encontra-se no estranhamento provocado pela citação falada das doenças, algumas com nomes estranhos de difícil pronúncia. O terceiro vem do texto sonoro "cardíaco" que sustenta a canção de forma hipnótica.

O pulso é mantido para sustentar o corpo e a vida. Aproxima o saudável do que é estranho e reconhecidamente patológico, num fluxo contínuo de afirmação e negação do corpo. Apesar das doenças e dos sentimentos destruidores, a canção busca manter a vida com o refrão: "O pulso ainda pulsa / [...] / O corpo ainda é pouco".

É possível perceber que, no caso dos Titãs, a experimentação caminha, em grande parte, pela atenção dada à letra e às relações construídas com o acompanhamento musical e com o espetáculo do grupo. Apesar das composições serem feitas, na maioria, em parceria, é clara a participação ativa do poeta e cantor Arnaldo Antunes nas três canções citadas. Sua preocupação com a palavra, com a entonação e seu vínculo com os poetas do concretismo dão pistas para entendermos as características de parte dos "exercícios titânicos", voltados aos achados poéticos, aos estranhamentos, à sonoridade da palavra cantada e às relações entre forma e conteúdo inusitadas para o campo da canção de sucesso.

Tradição e modernidade em Chico Science & Nação Zumbi

Nos anos 1990, um grupo surgido em Pernambuco entrou para a galeria de inovadores da música popular brasileira. Sua experimentação, diferente da colocada em prática pelos Titãs, tem a ver com formas de apropriação criativa de elementos musicais da tradição musical nordestina misturados ao rock e ao hip-hop. Trata-se de Chico Science & Nação Zumbi (CSNZ).

Uma das características de suas composições é o uso experimental de várias manifestações musicais e festivas de Pernambuco (maracatu, coco, ciranda, embolada e alguns instrumentos de percussão) mescladas a elementos contemporâneos da música pop: os musicais (gêneros da música pop), instrumentais, tecnológicos, e também o fato de contemplar os aspectos de consagração nas estruturas do mercado: contrato com gravadora, divulgação, presença de canções em trilhas de telenovelas, relativo sucesso nas emissoras de rádio e apresentações na Europa e nos EUA.

Ao lado de outros grupos e músicos, CSNZ criou uma importante movimentação cultural que tomou conta do Recife na década. Denominado manguebeat,[13] foi um movimento que, em linhas gerais, buscou recolocar a capital pernambucana no circuito nacional da música pop. Vários grupos levantaram a bandeira de produzir uma música pop com a cara da cidade, seus sons, suas falas, personagens e a realidade de pobreza. Não se centrou em um estilo, mas abarcou desde grupos mais ligados às raízes da tradição local (Mestre Ambrósio, Comadre Florzinha), grupos de rap (Faces do Subúrbio), de punk rock e heavy metal (Devotos, Matalanamão), DJs (Renato L., H. D. Mabuse, Dolores & Morales) e duas bandas consideradas a linha de frente do movimento: Mundo Livre S/A e CSNZ.

A cena mangue se consolidou a partir de apresentações das bandas em festivais ocorridos em Recife. O primeiro deles foi o Abril Pro Rock, em 1993, organizado por Paulo André. Além desse, surgiram também Rec-Beat, PE no Rock, Soul do Mangue, Pernambuco em Concerto, entre outros.

Outros meios de divulgação e consolidação da nova cena foram os sites criados na internet, que começaram em 1995 no formato comercial. Dois desses sites são: o Manguebit,[14] inaugurado em maio de 1995, e o Manguetronic, de 1996, este com um dos primeiros programas de rádio pela internet, comandado por Renato L. Por esses canais, grande parte dos novos grupos recifenses foi divulgada. O mais interessante é que essa tecnologia era novidade em todo o país e em boa parte do mundo na época,

---

[13] Sobre o manguebeat, ver o trabalho jornalístico de José Teles (2000), com destaque para os capítulos 14, 15 e 16.
[14] No início da movimentação, havia essa grafia manguebit. Depois de um tempo, oficializou-se a grafia manguebeat (cf. TELES, 2000, p. 258).

e, de certa maneira, tal pioneirismo tornou-se a marca registrada da cena mangue.[15]

Esses detalhes são importantes, pois frisam as relações construídas entre a música popular e determinadas tecnologias num específico contexto cultural e reforçam a característica de hibridismo do manguebeat ao juntar a ancestralidade das tradições de Pernambuco com a novidade da internet.

As músicas do grupo CSNZ, em seus dois discos lançados antes da morte de Chico Science (*Da lama ao caos*, de 1994, e *Afrociberdelia*, de 1996), têm a característica principal de mesclar elementos musicais da tradição pernambucana com os gêneros da música pop globalizada (rock e techno), da black music norte-americana (funk, soul e rap) e das músicas pop africanas (Fela Kuti, Manu Dibango, entre outros) e jamaicanas (reggae, raggamuffin e dub).

Algumas letras nos possibilitam reconhecer o uso da tradição do maracatu do território moderno da música popular. Em "O cidadão do mundo" (disco *Afrociberdelia*), a letra diz: "Vou juntar a minha nação / Na terra do Maracatu / [...] / Eu vi, eu vi / A minha boneca vodu / Subir e descer no espaço / Na hora da coroação / Me desculpe / Mas esta aqui é a minha nação". Há referências diretas à nação – grupo do maracatu –, à calunga – boneca que representa a agremiação do maracatu –, às evoluções dos componentes do cortejo e seus estandartes e à cerimônia da coroação dos reis negros presentes no folguedo. Na canção "Mateus enter" (disco *Afrociberdelia*), há um paralelo interessante. Além de citar Mateus, figura típica do cortejo do maracatu, a letra indica um tipo de chamamento do povo das ruas para a festa, comum em algumas toadas: "Eu vim com a Nação Zumbi / aos seus ouvidos falar / Quero ver a poeira subir / e muita fumaça no ar".

---

[15] Sobre as formas de divulgação dos grupos e as relações entre o manguebeat e as mídias, ver Vargas (2004).

"Maracatu de tiro certeiro" (disco *Da lama ao caos*) traz uma clara relação no título e também no baque da percussão. A música começa com o toque do gonguê, tradicional som que marca o andamento do cortejo do maracatu, e um berimbau. Depois entram a caixa e três alfaias que constroem a base rítmica sincopada para a guitarra, com timbre agudo e distorcido, e o baixo, de registro grave e marcação forte. Essa configuração demonstra claramente uma forma de hibridização na linguagem da música popular. A tradicional bateria (instrumento de forte presença no rock) é substituída (apenas no disco *Da lama ao caos*) por percussionistas que tocam três alfaias, uma caixa e outros instrumentos de percussão e efeitos (gonguê, berimbau, ganzás etc.). Esse naipe rítmico de grande intensidade interage com a guitarra distorcida e o baixo, outras marcas da linguagem do rock. O diálogo que se estabelece é praticamente único e inova ao associar ritmos de forte intensidade sonora e pulverizar os limites entre as tradições.

A ausência da bateria não é percebida, pois a pujança do "baque virado" dos tambores supre essa falta. Na verdade, ambos os gêneros se aproximam pela força das percussões típica das músicas que solicitam o corpo em dança, pois suas origens são próximas das tradições musicais africanas baseadas no ritmo e transferidas para as Américas no período colonial. É provável virem daí as razões desses contatos aparentemente estranhos, mas que, a rigor, são de tradições próximas e, por isso, muito mais instigantes.

Na canção "O cidadão do mundo" (disco *Afrociberdelia*), há um paralelo entre um baque próximo ao do maracatu-nação (tipo mais conhecido de maracatu urbano) e uma marcação da bateria (o grupo usa bateria neste segundo disco) típica do rock. Depois de uma parte inicial em que o baterista executa o desenho rítmico central, entram as alfaias produzindo o ritmo sincopado do maracatu, para voltar novamente à batida inicial da bateria.

O que liga ambos os trechos é a contiguidade entre as síncopes das alfaias e as do bumbo da bateria. Numa terceira parte, tocada só com baixo, bateria e percussão, o canto produz um híbrido de rap, raggamuffin (tipo de canto mais rápido usado em um subgênero eletrônico do reggae jamaicano, o dancehall) e embolada sobre uma marcação de funk, porém com a curiosa presença do berimbau. No final, essa última parte se transforma em um hard core (variação mais ruidosa do heavy metal), mas deslocada ainda pela sonoridade do berimbau (cf. GALINSKY, 1999).

A letra, com citação de personagens urbanos, festas e expressões populares, é cantada dentro de padrões melódicos modais característicos de algumas músicas tradicionais nordestinas (como o mixolídio), inclusive numa estrutura melódica parecida com a das toadas de maracatu. O canto foi gravado com um leve efeito de distorção, o que o aproxima do rock e do raggamuffin jamaicano. A velocidade da dicção, a repetição e o uso limitado de notas, elementos peculiares ao rap, à embolada (gênero típico do Nordeste em que as cadências do canto se misturam às da fala) e ao raggamuffin são o principal sinal das misturas no canto de Chico Science.

Outra canção em que essas considerações são muito perceptíveis é "Rios, pontes e overdrives" (disco *Da lama ao caos*). Ela se inicia com o toque cadenciado do gonguê junto a outro som agudo e metálico produzido por um *sampler*. Depois, entram os tambores e a caixa (num ritmo parecido com o coco), o baixo e a guitarra, esta com um timbre agudo e *riffs* usados no funk.

A letra, quando cantada, também se aproxima de cantos tradicionais, ora do maracatu, ora da embolada. Do maracatu, nota-se a estrutura da resposta em coro de vozes (procedimento visto também nos sambas de roda ou sambas de partido-alto). Science canta: "Rios, pontes e overdrives / Impressionantes esculturas de lama", e o coro do grupo responde: "Mangue, mangue, mangue, mangue, mangue, mangue, mangue". Da embolada, há um trecho em que são enumerados bairros de Recife: "É Macaxeira, Imbiribeira, Bom Pastor, é o Ibura, Ipsep, Torreão, Casa Amarela / Boa Viagem, Genipapo, Bonifácio, Santo Amaro, Madalena, Boa Vista / Dois Irmãos, é o Cais do Porto, é Caxangá, é Brasilit, Beberibe, CDU / Capibaribe e o Centrão".

O canto retoma as características da embolada: um canto ligeiro, cadenciado e de dicção difícil construído sobre uma rítmica sincopada (duas colcheias pontuadas e uma colcheia) por uma sucessão de palavras ligadas não só pelo tema (bairros do Recife), mas, sobretudo, pelas assonâncias e aliterações. O uso da embolada entra em sintonia com outra forma contemporânea de canto falado, o rap (abreviatura de *rhythm and poetry*, da tradição negra do hip-hop norte-americano), pelas alternâncias entre cadências rítmicas de um tipo de canto tradicional e de outro atual e globalizado.

Um outro gênero regional usado pelo grupo é a ciranda, dança de roda coletiva de origem europeia e de presença marcante no Nordeste brasileiro, no litoral, no meio rural e nas cidades. A música, que serve de acompanhamento para a roda, tem ritmo contínuo próximo ao da marcha. Na canção "A praieira" (disco *Da lama ao caos*), o andamento da ciranda é produzido com chocalhos, ganzás e o rufo contínuo da caixa. A letra descreve o gestual da dança de roda da ciranda na areia da praia: "Você está girando melhor, garota! / Na areia onde o mar chegou, a ciranda acabou de começar /.../ Segura bem forte a mão /.../ Vou dançar uma ciranda pra beber".

A música "A praieira" fez parte da trilha da telenovela *Tropicaliente*, da Rede Globo, o que comprova a participação do grupo em um espaço de consagração da música massiva, além de serem colocadas nas emissoras de rádio algumas outras canções. Isso comprova a ideia de que a canção de sucesso pode ser pensada enquanto obra experimental. Neste caso discutido, a experimentação passa pela relação criativa produzida entre as tradições musicais e culturais distintas na busca de um híbrido criativo e inovador, permeado pelo uso das tecnologias digitais e pela internet.[16]

O "samba assim" de Fernanda Porto

Uma experimentação mais recente na música popular tem a ver com o uso de aparelhos eletrônicos, como sequenciadores, *samplers*, baterias eletrônicas, módulos de efeito (*delay*, *reverb* etc.) e com a figura do DJ. Os aparelhos criaram possibilidades concretas de realizar tarefas antes apenas imaginadas ou feitas com algumas limitações.

Essa forma de fazer música pauta-se, em grande parte, nos procedimentos da colagem, desenvolvida dentro das artes plásticas pelas vanguardas do início do século XX. A nova música possibilita, por meio do *sampler*, o uso de trechos de canções e de timbres específicos para desenvolvimento de ideias musicais que, ao serem manuseadas esteticamente pela aparelhagem à disposição dos músicos (e de não-músicos também), transformam-se em colagens sonoras inusitadas e criativas. Na descrição de Pierre Lévy (1999, p. 136): "Programas de computador montam textos 'originais' por meio da recombinação de fragmentos de corpos preexistentes". Apesar de a prática colocar em pauta a polêmica dos direitos do autor das peças usadas nas colagens, desenvolveu-se um novo conceito de criação e composição musical. É o que se chama genericamente de música eletrônica, uma produção musical iniciada no âmbito da música erudita e tornada popular a partir do pioneirismo do grupo alemão Kraftwerk. Com a evolução das tecnologias digitais, desdobrou-se em diversos subgêneros (techno, dance, acid, house, trance, jungle e outros

---

[16] Para uma análise mais detalhada das composições de CSNZ e das relações culturais que encerram, ver Vargas (2007).

híbridos) e alterou o perfil de atuação de um novo personagem, o disc-jóquei ou DJ.

Nos anos 1950 e 1960, o DJ foi importante intermediário nas emissoras de rádio, entre as gravadoras e os ouvintes ao lançar discos e artistas, sobretudo ligados ao rock. Porém, nos últimos anos, seu papel ganhou outro caráter ao animar festas jovens chamadas de *raves*, manusear sons em aparelhos eletroeletrônicos e, sem ser tradicionalmente um músico, proporcionar ao público uma música dançante. Nessas animações, denominadas "discotecagens", vale sua criatividade em tratar trechos de canções, mixagens, alterações propositais de andamento, rítmicas e de timbres, efeitos mecânicos como o *scratch* (produção de ruídos rítmicos ao movimentar o disco de vinil no prato do aparelho toca-discos para a frente e para trás) e eletrônicos como *sampling*, *reverb*, *pitch* etc. A miscelânea musical gerada, dependendo da afinidade que consegue com o público, torna-o uma figura de destaque e de grande valor artístico. No Brasil, "músicos" como DJ Dolores, DJ Patife e DJ Marky, entre outros, são exemplos criativos e originais dessa nova configuração de produtores de música.

No entanto, esse valor não segue mais os mesmos critérios musicais aceitos tradicionalmente, como a técnica na execução de um instrumento musical, por exemplo. Baseia-se em novos quesitos, como articulação da aparelhagem, criatividade em mesclar sons e músicas, uso de efeitos, remixagens e versões, gravações exclusivas que o DJ consegue (*dubplates*: discos em acetato prensados em uma cópia apenas com gravações inéditas) e suas performances ao vivo (cf. SÁ, 2003, pp. 163-165).[17]

---

[17] Vale lembrar que as colagens e reciclagens não são exclusivas do uso de equipamentos digitais. Rui Paes (1998, pp. 97-101) indica uma série de criações nos âmbitos da música erudita, do rock e do jazz com o uso da fita magnética e de outras tecnologias analógicas para mostrar que o dado diferenciado da tecnologia é apenas um elemento dentro da dinâmica da inovação.

O trabalho da compositora, musicista e cantora Fernanda Porto tem a ver com esse novo cenário midiático da canção popular. Formada em harmonia, composição e canto lírico, autora de trilhas de filmes para cinema e televisão, Fernanda pendeu seu trabalho para a música eletrônica, em especial o drum'n'bass, desde o final dos anos 1990. Em 2001, fez uma versão eletrônica do clássico "Só tinha de ser com você", de Tom Jobim e Aloysio de Oliveira, que entrou na trilha da telenovela *Um anjo que caiu do céu*, da Rede Globo, e, no ano seguinte, gravou pelo selo Trama seu primeiro CD, *Fernanda Porto*. Deste disco (com vendagem de mais de 120 mil cópias), as canções "Tudo de bom" e "Amor errado", parcerias suas com, respectivamente, Lina de Albuquerque e Edu Ruiz, viraram *hits* em emissoras de rádio. Fez, também com sucesso, turnês por vários países da Europa. Em 2004, lançou seu segundo disco, *Giramundo*, com participações importantes como Chico Buarque, Will Calhoun e Doug Wimbish (respectivamente, baterista e baixista do grupo norte-americano *Living Colour*), o violonista Ulysses Rocha e o pianista e arranjador César Camargo Mariano.

Esse perfil, típico de artistas construídos no campo da canção de sucesso, não limita o trabalho da compositora aos padrões de consumo musical massivo. Ao contrário, ela lança mão de seu conhecimento musical e da dinâmica da nova música popular eletrônica, experimental por natureza, para sua criação. Um caso interessante é a canção "Baque virado" (disco *Fernanda Porto*), de Fernanda Porto e Alba Carvalho, que mescla as programações eletrônicas com o baque virado do maracatu-nação.

Uma das faixas mais criativas desse disco é a conhecida "Sambassim", também de F. Porto e A. Carvalho. Criação antiga que estava no CD demo feito por Fernanda, teve uma versão remix do DJ Patife e fez bastante sucesso em pistas de dança no Brasil e no exterior. A letra relata a realização de um samba, sem seus instrumentos usuais, por uma pessoa que não sabe nada de samba, mas que sempre ouviu o gênero. Para realizar a façanha, diz que vai "samplear reco-reco e agogô" e misturar "com guitarra e drum'n'bass / Só pra ver como é que fica / Eletrônico o couro da cuíca". Se surge a dúvida de que esse samba é samba mesmo ("De bit acelerado será que é samba assim?"), ela logo se resolve na afirmativa "De bit acelerado é samba, sim".

A metalinguagem é exercitada não apenas na letra mas na instrumentação. Voz, guitarra e violão somam-se às programações eletrônicas. Não há percussões acústicas, apenas suas presenças sonoras virtuais com os *samples* de seus timbres. O ritmo sincopado do samba, perceptível nos sons de pandeiros, apitos e tamborins, se mistura ao drum'n'bass, de caráter rítmico mais "cométrico". Um dado curioso dessa simbiose musical é um paralelismo entre a divisão rítmica de algumas frases do canto e as batidas do agogô ou o toque da cuíca. Por exemplo, quando Fernanda canta o trecho "Vou samplear reco-reco e agogô", a divisão das notas/sílabas do canto reproduzem a rítmica dos toques desses instrumentos.

O neologismo que dá título à música constrói um dúbio jogo fonético: funciona ora como "samba assim", ou seja, desse jeito novo e eletrônico, ou como "samba sim", que retrata a afirmação desse tipo de samba. Ao final, fica a sentença positiva do novo gênero e do novo sambista na letra ("Sim, ficou um samba, sim / Com pandeiro e tamborim / E já penso que sei tudo de samba / Vou sampleando e sambando, sou bamba") e no resultado sonoro do arranjo eletrônico-digital.

Para reformular a audição

O entendimento da noção de experimentalismo – em princípio não relacionada à redundância da canção de sucesso – precisa ser reformulado. O fato de a música popular vincular-se às mídias e às tecnologias (sistemas de gravação e reprodução e as presentes em instrumentos musicais) não pode significar que sua conformação em *commodity* seja absoluta, nem que esse caráter mercantil seja superior ao dado experimental e que não possa haver algum tipo de convivência entre ambos. É fundamental, por isso, que os variados pontos de vista de análise levem em conta as diversas imbricações entre a canção e sua linguagem, entre música e cultura, entre obra e sociedade.

Os exemplos citados demonstram que, mesmo dentro das estruturas de mercado e usando-as nos limites de interesse dos grupos/músicos, há maneiras de superação de fórmulas, alteração de percepção, renovação de linguagens, novos usos de tradições, de dados externos e de tecnologias. A canção popular não pode ser entendida como uma substância simples, mas, primordialmente, como um campo tenso de ações e reações, de contágios múltiplos cujas sínteses e mesclas, em especial as mais criativas, marcam suas tendências de transformação.

Os exemplos dos Titãs, de Chico Science & Nação Zumbi e de Fernanda Porto, entre muitos outros que caberiam nesse estudo, são importantes porque demonstram algumas formas curiosas de experimentalismo: levam em conta experiências poético-musicais e suas relações com os arranjos e a performance oral/corporal; atuam nos contatos entre elementos regionais da tradição (sem o dever tradicional de respeitá-los, mas fazendo-o de maneira antropofágica) e os gêneros globalizados pelas mídias; descortinam formas criativas de interagir com as novas tecnologias, tanto midiáticas quanto tecnológicas.

Por isso, é possível afirmar que a canção popular é um dos produtos mais interessantes e fascinantes da cultura midiática.

Referências bibliográficas

ADORNO, T. W. A indústria cultural. In: COHN, G. (org). *Comunicação e indústria cultural*. 3. ed. São Paulo: Cia. Ed. Nacional, 1977. pp. 287-295.

_____. O fetichismo na música e a regressão da audição. In: *Textos escolhidos (Os pensadores)*. 3. ed. São Paulo: Nova Cultural, 1989. pp. 79-105.

_____. Sobre música popular. In: COHN, G. (org). *Theodor W. Adorno*. 2. ed. São Paulo: Ática, 1994. pp. 115-146.

ANTUNES, A. *Psia*. 3. ed. São Paulo: Iluminuras, 1991.

BENJAMIN, W. A obra de arte na era de sua reprodutibilidade técnica. In: *Magia e técnica, arte e política (Obras escolhidas, vol. 1)*. 3. ed. São Paulo: Brasiliense, 1987. pp. 165-196.

CONNOR, S. *Cultura pós-moderna*; introdução às teorias do contemporâneo. São Paulo: Loyola, 1992.

ECO, U. *La definición del arte*. Barcelona: Martínez Roca, 1970.

FAVARETTO, C. *Tropicália; alegoria, alegria*. 2. ed. São Paulo: Ateliê Editorial, 1996.

GALINSKY, P. A. *Maracatu atômico*; tradition, modernity and postmodernity in the Mangue movement. Middletown (EUA), 1999. Tese (Ph.D. em Musicologia), Wesleyan University.

HUYSSEN, A. Mapeando o pós-moderno. In: HOLLANDA, H. B. de (org.). *Pós-modernismo e política*. Rio de Janeiro: Rocco, 1991. pp. 15-80.

JAY, M. *As ideias de Adorno*. São Paulo: Cultrix/Edusp, 1988.

KOTHE, F. *Benjamin & Adorno*; confrontos. São Paulo: Ática, 1978.

LEVY, P. *Cibercultura*. São Paulo: Editora 34, 1999.

MACHADO, A. O corpo bem temperado. *Revista de Cultura Vozes*, ano 69, n. 4, maio/1975, pp. 53-68.

MENEZES, P. *A crise do passado*; modernidade, vanguarda, metamodernidade. São Paulo: Experimento, 1994.

MORIN, E. Não se conhece a canção. In: MORIN, E. et al. *Linguagem da cultura de massas*; televisão e canção. Petrópolis: Vozes, 1973. pp. 143-156.

MUKAROVSKY, J. Detail as the basic semantic unit in folk art. In: _____. *The word and the verbal art*. EUA: Yale University Press, 1977. pp. 180-204.

PAES, R. E. *A orelha perdida de Van Gogh*; música e multimédia. Lisboa: Hugin, 1998.

PUTERMAN, P. *Indústria cultural*; a agonia de um conceito. São Paulo: Perspectiva, 1994.

ROUANET, S. P. *As razões do iluminismo*. São Paulo: Companhia das Letras, 1987.

SÁ, S. P. de. Música eletrônica e tecnologia: reconfigurando a discotecagem. In: LEMOS, A.; CUNHA, P. (orgs.). *Olhares sobre a cibercultura*. Porto Alegre: Sulina, 2003. pp. 153-173.

SEVCENKO, N. Pós-moderno: um exercício de descontinuidade. *Lua Nova* v. 2, n. 4, jan-mar/1986, pp. 68-73.

STERNE, J. *The audible past*; cultural origins of sound reproduction. Durham: Duke University Press, 2003.

TATIT, L. *O século da canção*. São Paulo: Ateliê, 2004.

TELES, J. *Do frevo ao manguebeat*. São Paulo: Editora 34, 2000.

VALENTE, H. A. Duarte. *As vozes da canção na mídia*. São Paulo: Via Lettera, 2003.

VARGAS, H. *Hibridismos musicais de Chico Science & Nação Zumbi*. Cotia (SP): Ateliê Editorial, 2007.

_____. Nas ondas da lama: Manguebeat, divulgação e mídia. *Revista Communicare* v. 4, n. 1, 1º sem./2004, pp. 115-122.

VARGAS, H; ROSSETTI, R. Música popular e inovação: o experimentalismo nas canções do grupo de rock Titãs. *Revista Líbero* ano VIII, n. 15/16, 2005, pp. 76-84.

WISNIK, J. M. O minuto e o milênio ou por favor, professor, uma década de cada vez. In: BAHIANA, A. M. et al. *Anos 70*; música popular. Rio de Janeiro: Europa, 1979-1980. pp. 7-14.

ZUMTHOR, Paul. *A letra e a voz;* a "literatura" medieval. São Paulo: Companhia das Letras, 1993.

CAPÍTULO 9

Guel Arraes e a renovação da linguagem na televisão brasileira[1]

Yvana Fechine

O Núcleo como abrigo do grupo

Em um momento de intenso debate sobre a TV brasileira, parece oportuno olhar para sua produção, indicando experiências capazes de atender às demandas de qualidade presentes nos discursos de todos os diferentes atores sociais envolvidos nas discussões. Nestas, a qualidade é frequentemente associada à possibilidade de a TV reforçar a democratização da sociedade, dar visibilidade aos diferentes grupos sociais, estimular o pluralismo cultural, difundir conteúdos instrutivos. Relaciona-se também a qualidade ao experimentalismo formal e à capacidade de a TV criar novos formatos. Sejam quais forem os aspectos éticos ou estéticos privilegiados na discussão, é possível indicar uma experiência na TV brasileira duradoura o bastante para servir de referência e ser bem-sucedida o suficiente para mostrar que se pode atender às exigências de público e publicidade sem abrir mão de grande parte disso que entendemos como qualidade. Refiro-me à atuação articulada, há mais de vinte anos, de

---

[1] Este artigo retoma, articula e amplia ideias esboçadas em comunicações apresentadas ao Encontro dos Núcleos de Pesquisa em Comunicação – NP Comunicação Audiovisual – da Sociedade Brasileira de Estudos Interdisciplinares da Comunicação (Intercom) nos anos de 2003, 2006 e 2007. Revê também a comunicação proposta ao GT Mídia e Entretenimento no XVI Encontro Anual da Associação Nacional de Programas de Pós-graduação em Comunicação (Compós) em 2007.

um grupo de criadores reunidos hoje em torno do Núcleo Guel Arraes, abrigado pela Rede Globo.

Mais que uma equipe de produção, contratada pela maior emissora comercial do Brasil, o Núcleo Guel Arraes pode ser considerado como uma experiência singular na TV brasileira pelo próprio modo como, a partir da articulação de diretores e atores, redatores e roteiristas em torno do produtor/realizador pernambucano, constituiu-se em um grupo de criação disposto a incorporar na TV comercial propostas ético-estéticas oriundas do teatro de vanguarda dos anos 1970/1980, do movimento do vídeo independente, do cinema marginal e dos jornais "nanicos", entre outras manifestações. Ao serem reoperadas, repropostas e difundidas dentro da lógica de produção das emissoras comerciais de TV, essas postulações legadas pela cena cultural mais alternativa foram responsáveis pela renovação da linguagem televisual brasileira, marcada, historicamente, pela influência do rádio. Mesmo antes da criação do núcleo de produção que leva seu nome, Guel Arraes assumiu um papel fundamental na articulação desses grupos ao privilegiar na formação da equipe do *TV Pirata* (1988-1990) profissionais que não atuavam nos humorísticos da TV. Em suas próprias palavras, ele optou por ir "juntando na TV um monte de coisa interessante que estava acontecendo fora da TV",[2] até a constituição de um grupo que começou a se enxergar como tal a partir desse programa.

Esse grupo começa a se formar, no entanto, já em meados dos anos 1980, a partir da equipe do *Armação Ilimitada* (1985-1988) e, depois de atuar em sucessivos projetos na Rede Globo, ganha uma feição institucional em 1991 com a criação do chamado Núcleo Guel Arraes. Participam desse grupo, cuja influência já se estende muito além de seus limites institucionais, nomes

---

[2] Depoimento de Guel Arraes nos extras do DVD *Armação Ilimitada*, Globo Marcas, 2007.

como: os diretores e roteiristas Cláudio Paiva, Jorge Furtado e João Falcão; o antropólogo Hermano Vianna; os atores e criadores Regina Casé, Pedro Cardoso e Luiz Fernando Guimarães. Graças à repercussão de seu trabalho, agora, essa "turma tem várias turmas",[3] desdobrando-se em outros subgrupos de criação abrigados pelo próprio Núcleo, tais como a trupe humorística do *Casseta & Planeta* (Reinaldo, Hubert, Hélio de La Peña, Marcelo Madureira, Cláudio Manoel e Beto Silva) e a equipe reunida em torno da atriz Denise Fraga e dos diretores/roteiristas Roberto Torero e Luiz Villaça.

Aliando a metalinguagem e a reoperação de gêneros com estratégias inovadoras de montagem, o projeto ético-estético do grupo envolve, em última instância, o que poderíamos denominar de uma "pedagogia dos meios". Nos programas dos quais participam, há a clara intenção de romper com o naturalismo na representação audiovisual: toda encenação se revela, de alguma maneira, como encenação; a TV tematiza a própria TV, o produto incorpora seu processo de produção. Há ainda, na mistura recorrente entre ficção e não-ficção, a preocupação em instruir o público sobre a própria prática de fazer e "ver TV", revelando sua vocação espetacular, despindo-a de qualquer pretensão especular diante do real. Enxergando a TV como uma importante instância de legitimação, a produção associada a esse grupo também tem sido responsável por abrir espaço na emissora de maior audiência do país para manifestações culturais periféricas, para projetos e iniciativas não oficiais, para a diversidade de práticas e costumes regionais, para o vasto universo de valores dos diferentes grupos sociais, para a apropriação da produção literária nacional. O que faz desses diretores e roteiristas, atores e redatores um autêntico grupo – como raras vezes se pôde apontar na TV brasileira – é jus-

---

[3] Guel Arraes em depoimento concedido ao Grupo de Pesquisa em Cultura e Mídia Contemporânea da Universidade Católica de Pernambuco (Unicap), em agosto de 2002.

tamente essa atuação articulada e coletiva, longeva e consistente em torno de certos compromissos éticos e do experimentalismo estético em seus campos originais de formação.

Composto com nomes de uma geração que já cresceu assistindo à televisão, esse grupo reuniu-se, inicialmente, em torno do que poderia ser o mais paradoxal de seus postulados: integrar-se à produção comercial da TV propondo uma antiTV, ou seja, uma crítica bem humorada aos modelos de representação da própria TV. A proposta do *TV Pirata* evidencia essa postulação ao propor-se como uma grande paródia da programação da própria Rede Globo. É também a partir da formação da equipe do *TV Pirata* que Guel Arraes assume mais claramente o papel de uma espécie de "agenciador" da TV comercial junto à cena cultural mais alternativa. Além de criador e produtor artístico, Guel tem funcionado, ainda hoje, como uma "porta de entrada" para a produção cultural de vanguarda na Rede Globo, seja articulando as pessoas ou fomentando a criação coletiva de novos projetos, seja prospectando talentos e oportunidades de inserção dessa produção na grade de programação da Globo ou negociando parcerias da emissora com as produtoras independentes, eixo mais recente de sua atuação. Jorge Furtado, considerado pelo próprio Guel como um dos "ideólogos" do grupo, resume de modo mais direto o papel que desempenham hoje na produção comercial de entretenimento da TV Globo: "Qualquer indústria precisa de um setor de experimentação, nós somos esse espaço de experimentação lá [na Globo]. Nós apresentamos novos formatos e, quando a experiência dá certo, eles acabam sendo incorporados à programação".[4]

---

[4] Resposta a uma pergunta que lhe dirigi no Colóquio *Televisão: entre o mercado e a academia*, realizado na Universidade do Vale do Rio dos Sinos (Unisinos), de 27 a 28 de outubro de 2005.

A formação do grupo

A aglutinação de criadores/realizadores ligados à produção artístico-cultural de vanguarda em torno de programas para a TV comercial, que começa com o programa *Armação Ilimitada*, não foi inicialmente uma ideia de Guel Arraes. Depois de dirigir várias novelas bem humoradas na TV Globo,[5] Guel foi convidado pelo produtor Daniel Filho para comandar uma produção para o público jovem cuja proposta original – um programa sobre esportes radicais – havia sido apresentada pelos atores Kadu Moliterno e André De Biase. Os dois seriam, depois, os protagonistas da série. É sob a direção de Guel Arraes, no entanto, que, já após seu primeiro ano de exibição, o *Armação* passa a ser um programa pautado pela criação coletiva e pela "mistura" de linguagens bem ao gosto da produção teatral da época. Não por acaso, o *Armação* abrigou no elenco e na equipe de roteiristas integrantes do grupo Asdrúbal Trouxe o Trombone, um dos ícones da produção teatral brasileira dos anos 1970, período em que havia um diálogo intenso entre o cinema *underground* e a poesia marginal, a música e o teatro.

Com sua trupe de comediantes, o Asdrúbal incorporou todos esses diálogos em proposições que, depois, foram retomadas não apenas pelo *Armação*, mas por outros programas dirigidos por Guel. Entre as proposições do Asdrúbal que reverberaram depois na produção do Núcleo, destacam-se:

1) a exploração de um "mix" de formas artísticas (incorporação à linguagem cênica de elementos do circo, da música pop e do rock, do vídeo, das artes plásticas);

2) a exploração da "pessoa do ator", do "eu" do ator, atores--personagens ("pessoa" se confunde com personagem); e

---

[5] Algumas das novelas codirigidas por Guel Arraes marcaram o gênero por seu apelo deliberado ao humor (misto de chanchadas com comédia pastelão) e à metalinguagem. Merece destaque, entre elas, a novela *Guerra dos sexos* (1983).

3) a encenação do olhar de sua geração sobre o mundo e sobre si mesma ("radiografia da juventude dos anos 1970").

Todas essas proposições compunham o que se pode denominar genericamente de "espírito Asdrúbal", uma disposição orientada, sobretudo, pela deliberada subversão dos cânones e padrões teatrais da época. De acordo com Buarque de Holanda (2004, pp. 9-11), o Asdrúbal franqueou o "livre trânsito entre Tchaikovsky e os Beatles, o texto clássico e os comerciais de TV, a *persona* dramática e a pessoa do ator", misturando indistintamente uns aos outros. Trabalhando de forma pioneira no teatro brasileiro com a produção cooperativada e a criação coletiva, o Asdrúbal desenvolveu também um poderoso efeito disseminador.

Quando o grupo se dissolveu, em 1984, dez anos depois de sua criação, já havia deixado vários descendentes em grupos musicais como a Blitz ou em novos grupos teatrais, como a Intrépida Trupe. Já havia chegado também à TV, a partir da incorporação desse "espírito-Asdrúbal" e de sua "atitude rock and roll" ao *Armação Ilimitada*, um seriado que parodiava o formato já consolidado dos enlatados americanos, incorporando elementos do teatro de inspiração brechtiana, dos videoclipes e HQs. As influências dos postulados dessa irreverente trupe de comediantes chegam ao *Armação* a partir, principalmente, da atuação de Patrícia Travassos, ex-Asdrúbal. Durante quatro anos, ela escreveu *Armação Ilimitada* junto com Euclydes Marinho, Nelson Motta e Antônio Calmon. Também colaborou como roteirista em outras produções do Núcleo, como *TV Pirata*. Do *Armação* também participaram o ex-Asdrúbal Luiz Fernando Guimarães que, juntamente com Regina Casé, uma das fundadoras da trupe teatral, tornou-se depois um dos mais conhecidos atores/apresentadores dos programas do Núcleo Guel Arraes. Depois de atuar no *TV Pirata*, Regina Casé protagonizou o *Programa Legal* (1991-1993) e o *Brasil Legal* (1995-1997), assumindo depois o comando do *Muvuca*

(1998-2000), um programa que fazia de seu próprio processo de produção o produto mesmo a ser exibido.[6] Além de atuar como um misto de atriz e apresentadora, ela também colaborou como diretora em *Cena Aberta* (2003), série sobre a qual nos debruçaremos mais adiante. Em 2006, ela estreou o programa *Central da Periferia*, que levou às telas da Globo, no formato de um grande *show*, as manifestações culturais que têm proliferado nas favelas ou nos bairros pobres e violentos das grandes capitais. Em todos esses programas, Regina Casé explora uma mistura de atriz e apresentadora, de personagem e de pessoa (uma espécie de "persona"), que lhe transformou numa das entrevistadoras mais originais e criativas na TV brasileira. "Hoje, no meu trabalho, sinto que não mudei, que estou fazendo exatamente o que fazia no Asdrúbal [...] Somos o que somos porque fomos do Asdrúbal", admite (em BUARQUE DE HOLANDA, 2004, p. 220).

O diretor e ator Hamilton Vaz Pereira, que foi o grande mentor do Asdrúbal durante toda a sua existência, também colaborou com o Núcleo Guel Arraes, dirigindo Regina Casé em *Muvuca*. Já Luiz Fernando Guimarães, depois do *Armação*, atuou em *Juba & Lula* (1989), um programa de variedades que se desdobrou do seriado. Integrou igualmente o elenco de *TV Pirata* e fez dupla com Regina Casé no Programa Legal, também desempenhando uma função em que atuava, ao mesmo tempo, como ator, apresentador e entrevistador. É um dos criadores, junto com Alexandre Machado e Fernanda Young – mais uma "turma dentro da turma" –, do seriado *Os Normais* (2001-2003), sitcom que explorava as aventuras de um casal de noivos (Rui e Vani) e que, em função do sucesso obtido, acabou virando filme. Merece destaque também a parceria de Luiz Fernando com Pedro Cardoso no humorístico *A Vida ao Vivo Show*, no qual eram atores e coautores.

---

[6] Voltarei a tratar desses programas mais adiante.

Formado no chamado "teatro besteirol", cuja marca era a exploração dos temas banais do cotidiano, Pedro Cardoso integrou-se ao Núcleo Guel Arraes não apenas como ator, mas também como roteirista no *TV Pirata* e na *Comédia da Vida Privada* (1995-1999), um seriado cômico que fazia uma sarcástica crítica aos costumes da classe média brasileira. Com profissionais como Pedro Cardoso, Andrea Beltrão, Débora Bloch e José Lavigne, que participaram da companhia *Manhas e Manias* (1981-1985), somam-se ao grupo as influências de uma outra proposta teatral marcada também pela valorização da improvisação do ator e pela estilização da interpretação, pela criação coletiva e pela realização de "espetáculos de variedades", nos quais se misturavam atrações circenses, dança, canções e esquetes satíricos cujo alvo principal era os clichês do cinema hollywoodiano.[7] Nos espetáculos do *Manhas e Manias*, de algum modo, o teatro volta-se sobre si mesmo, parodiando seus próprios modelos de representação, uma estratégia recorrente em muitos dos programas de TV abrigados pelo Núcleo Guel Arraes. José Lavigne, que, além de ator, foi um dos diretores e fundadores do *Manhas e Manias*, evidencia essas influências quando assume o comando do programa da trupe do *Casseta & Planeta* na TV.

Um dos nomes mais importantes da atual equipe de colaboradores do Núcleo Guel Arraes, Cláudio Paiva, chegou à televisão depois de atuar como redator em jornais alternativos, como o lendário Pasquim. Juntamente com Reinaldo e Hubert, Paiva havia fundado, nos anos 1980, o *Planeta Diário*, um jornal de humor que, entre outras coisas, divulgava notícias falsas. Contemporaneamente, também circulava no Rio de Janeiro uma publicação humorística chamada *Casseta Popular*, redigida por Beto Silva, Helio de La Peña, Marcelo Madureira, Cláudio Ma-

---

[7] Para mais informações sobre os grupos teatrais atuantes no Brasil nas décadas de 1970 e 1980, consulte o verbete "Teatro" na *Enciclopédia Itaú Cultural*. Disponível em: <www.itaucultural.org.br>.

noel e Bussunda (1962-2006). Em 1988, os dois grupos passam a atuar juntos na equipe de redatores do *TV Pirata*. A partir dessa experiência, os grupos se dissolvem para criação de uma única trupe de humoristas batizada como *Casseta & Planeta*. Dos integrantes oriundos dos dois jornais alternativos, apenas Paiva não se integrou ao novo grupo, preferindo atuar sozinho como roteirista. Dentre outras colaborações ao Núcleo, Paiva foi roteirista de episódios da *Comédia da Vida Privada* e assumiu a redação final de *A Grande Família*, o mais antigo e bem-sucedido programa do grupo em termos de audiência.

O Núcleo Guel Arraes também incorporou, em diferentes projetos, os postulados e produtores ligados ao vídeo independente nos anos 1980, tais como Marcelo Tas, Fernando Meirelles e Sandra Kogut. Tas e Meirelles estavam entre os fundadores da produtora Olhar Eletrônico, reconhecida historicamente como uma das primeiras experiências de parceria entre a televisão comercial e a produção videográfica independente no Brasil. A produção da Olhar Eletrônico, criada em 1981, propunha, antes de mais nada, uma paródia às propostas, personagens e procedimentos da própria TV. Os mesmos ingredientes que a televisão utilizava para garantir uma audiência alienada – música pop, descontração, humor, entre outros –, o grupo usava para desmistificar seus cânones e clichês, estimulando o surgimento de um público mais crítico; questionavam o próprio papel da TV, seu modelo unidirecional de comunicação e seus formatos. A proposta estética da produtora Olhar Eletrônico continuou influenciando criativamente a TV brasileira através da trajetória individual de alguns dos integrantes, dentre os quais se destaca Marcelo Tas, que trabalhou com Guel Arraes como roteirista do *Programa Legal*.

Com os produtores do vídeo independente, ganhou abrigo na TV não apenas essa crítica aos meios a partir dos próprios meios, mas também abordagens de caráter antropológico, como ocorreu no *Programa Legal*, que ensaiou, misturando informação e humor, uma aproximação com a representação do universo sociocultural das periferias brasileiras. Inspirado pelo "cinema verdade" de Jean Rouch, com quem conviveu no Comitê do Filme Etnográfico (Paris), Guel Arraes incorpora ao *Programa Legal* temas e questionamentos próprios dos filmes etnográficos, mas sem deixar de atender à lógica do entretenimento que rege a TV. A preocupação com o não-oficial e com o periférico, demonstrada no *Programa Legal*, reaparece, depois, em vários outros projetos do Núcleo Guel Arraes. O *Central da Periferia* pode ser considerado uma autêntica retomada, agora com um tom mais politizado, das preocupações do *Programa Legal* e, depois, do *Brasil Legal* (1995-1998), com tudo aquilo que, de certo modo, fica à margem.

A parceria com Fernando Meirelles – diretor brasileiro reconhecido internacionalmente – retoma, em outros termos, essas preocupações, mas só ocorre em 1997, quando ele dirige um episódio da *Comédia da Vida Privada*. Pouco depois, veio a proposta de Guel para que a O2, produtora fundada por Meirelles com outros ex-integrantes da Olhar Eletrônico, produzisse um episódio para a série *Brava Gente*. Meirelles aceitou o convite com a condição de desenvolver uma estória ligada à temática do longa-metragem que estava preparando sobre o cotidiano, a violência e o comércio de drogas na favela. Surgiu assim o episódio Palace II, exibido no final de 2000, que funcionou como uma espécie de laboratório para o filme *Cidade de Deus* (2002), dirigido por Meirelles e indicado ao Oscar (melhor diretor, fotografia, montagem e roteiro adaptado). A mesma temática do filme orientou a produção da série *Cidade dos Homens* na TV (2002-2005), também realizada pela O2 para o Núcleo, com a colaboração de Regina Casé como diretora. O seriado *Cidade dos Homens*, que tinha como protagonistas dois garotos moradores de uma favela do Rio, colocou na tela da Globo gente fumando maconha, apontando armas para a câmera, falando palavrões e apanhando da polícia.

Já a colaboração de Sandra Kogut, uma de nossas mais conhecidas realizadoras de vídeo, ocorreu na direção do *Brasil Legal*, cuja proposta era mostrar, a cada episódio, diferentes regiões do país a partir de valores e vivências de seus personagens – tipos divertidos e inteligentes como Mário Pezão, ex-menino de rua e cantor de rap; Dona Flora, neta de índios e vendedora de ervas, ou Glauber Moscabilly, adepto do rock dos anos 1960 (cf. LIMA, 1997). Dentre todos os colaboradores oriundos da produção experimental, nenhum, porém, teve tanta influência no Núcleo Guel Arraes quanto o gaúcho Jorge Furtado, um curta-metragista já respeitado e premiado quando começa a trabalhar com o diretor pernambucano.

Furtado foi roteirista, entre outros, do *Programa Legal*, da revista eletrônica *Doris para Maiores* (1991), do seriado *Comédia da Vida Privada* e da série *Brasil Especial* (1992), que consistiu em adaptações de doze textos clássicos da literatura brasileira. Também roteirizou e dirigiu com Guel Arraes a minissérie *A Invenção do Brasil* (2000), remontada um ano depois como filme. Por meio da Casa de Cinema de Porto Alegre, produtora gaúcha da qual é sócio-fundador, Furtado desenvolveu ainda a minissérie *Luna Caliente* (1999) e os episódios da série *Cena Aberta*, entre outras produções. Esta última propõe uma reflexão bem humorada sobre como se conta uma estória na TV e sobre o próprio "grau de realidade" dessas estórias que consumimos na TV. Cada episódio da série *Cena Aberta* mostrava a adaptação de um romance ou conto escolhido, intercalando na edição final a interpretação ficcional com cenas documentais sobre a própria preparação e escolha de elenco (laboratórios, testes), filmagem e finalização do programa. Graças à influência de Jorge Furtado, radicaliza-se nos projetos comandados por Guel Arraes sua preocupação em romper com o "naturalismo" na televisão para o qual o meio, com sua imagem precária, parece mesmo não ter vocação. Não é por acaso que o apelo ao humor, justamente por seu potencial subversivo em relação às formas e convenções, acabou sendo um caminho natural para o grupo.

A inclusão de nomes como Meirelles, Kogut, Tas – ou mesmo, mais recentemente de Alexandre Machado e Fernanda Young, vinda da literatura – na lista de colaboradores do grupo evidencia o modo como Guel Arraes tem assegurado sua vitalidade. Sem abrir mão de um projeto ético-estético que lhe dá identidade, ele investe, de um lado, na permanente prospecção de novos autores e propostas, estabelecendo parcerias nas quais há sempre a participação direta ou o crivo de um dos integrantes de seu "núcleo duro" de criação. Aposta, por outro lado, na adequação daquilo que do experimentalismo em outros campos pode ser levado à televisão sem ferir sua lógica de produção, ditada pelos índices de audiência. A singularidade dessa estratégia adotada por Guel Arraes reside justamente na reoperação dos postulados que orientam as inovações nas mais diversas manifestações culturais e artísticas à luz de uma "cultura de gêneros" da TV que, agora, já considera como referência também a própria produção histórica de seu grupo.

A disseminação dos postulados[8]

Com os projetos abrigados pelo grupo articulado por Guel Arraes, a TV não apenas incorporou os produtores, mas também reelaborou os postulados pautados pelas preocupações nascidas dentro do movimento mais geral das ideias em circulação na cena cultural alternativa dos anos 1970/1980 acerca, principalmente, das relações entre a realidade e a representação, entre o pessoal e o político, entre a autoria individual e a coletiva.

---

[8] Recuperamos aqui, em outro contexto de análise, algumas das proposições desenvolvidas em Fechine (2003) e em Fechine e Figueirôa (2003).

Essas postulações manifestam-se depois por meio de algumas tendências expressivas, que surgem justamente da "tradução" de ideias gestadas numa produção artístico-cultural de vanguarda para o universo da cultura de massas. Nesse processo, o humor impõe-se como estratégia para construção de um discurso crítico no âmbito da TV comercial e torna-se uma das características mais importantes na produção do Núcleo. Como a geração do vídeo independente dos anos 1980 no Brasil já se havia apropriado dessa comicidade e exercitado muitas dessas postulações, inclusive com incursões pontuais na própria TV, é nesse campo que observaremos as influências mais diretas da produção mais experimental brasileira na construção do projeto ético-estético do Núcleo Guel Arraes. Nesse projeto, observam-se pelo menos duas grandes características recorrentes na produção audiovisual independente no Brasil: o apelo à paródia dos produtos e processos de produção da própria TV, num exercício profundo e permanente de metalinguagem; a preocupação em explorar a função cultural da televisão, sem perder de vista sua profícua intertextualidade com outras manifestações – cinema, teatro, música, literatura, artes performáticas.

As tendências expressivas, que serão apontadas aqui, podem ser consideradas, ao mesmo tempo, tanto como o legado recebido de uma cena cultural alternativa em constante efervescência, quanto como a herança deixada pelo grupo reunido em torno de Guel Arraes em favor da renovação da linguagem televisual. É, afinal, a partir da exploração recorrente de tais tendências que esse grupo, por meio de sua feição institucional – o Núcleo –, vem "testando" e instituindo novos formatos televisuais, dotados do mesmo efeito disseminador de coletivos criativos, como o Asdrúbal e a Olhar Eletrônico, dos anos 1970/1980. Genericamente, esses formatos televisuais, nos quais é possível identificar hoje influências do experimentalismo do Núcleo Guel Arraes na TV, estão associados a todo tipo de uso daquilo que se pode designar como montagem expressiva, apelo à autorreferencialidade, apresentação do processo como produto, estética da inversão, recorrência à mistura entre informação e fabulação, tal como serão descritos a seguir.

1. MONTAGEM EXPRESSIVA. Sob a designação de montagem expressiva, podem ser reunidos todos os procedimentos e elementos responsáveis pela construção do discurso na ilha de edição, explorando os recursos técnico-expressivos disponíveis, inicialmente, nos sistemas lineares (cortes, fades, fusões, superposições, congelamentos, acelerações e desacelerações etc.) e somados, hoje, ao processamento digital da imagem nos sistemas não-lineares (controle de cor e alterações da textura de imagem, seccionamentos de tomadas, de quadros e da tela, recortes e colagens de todo tipo etc.). As inúmeras possibilidades de manipulação da imagem eletrônica e de intervenção no interior do quadro, levadas ao limite pelo processamento digital dos sinais de vídeo, resultaram no que Arlindo Machado (cf. 1997) aponta como uma das principais formas expressivas da contemporaneidade: a multiplicidade. Na televisão, como no vídeo, essa multiplicidade está associada à concentração – ou mesmo excesso – de informações verbais, visuais e sonoras num mesmo espaço de representação, num mesmo momento de exibição. Se antes os discursos se articulavam apenas numa ordem sintagmática (eixo do ou...ou), hoje, os diferentes elementos se articulam na tela a partir de uma organização paradigmática (eixo do e...e): trata-se de organizar as unidades audiovisuais não mais considerando apenas sua sequencialidade, mas sim concebendo-as a partir da lógica da simultaneidade. Essa montagem vertical pode ser traduzida na linguagem mais contemporânea do vídeo e de determinados formatos da televisão pela tentativa de dar o "máximo de informações num mínimo de tempo", a partir dos recursos de pós-produção disponíveis (cf. MACHADO, 1997, p. 239).

O apelo à montagem vertical é um procedimento tão recorrente na produção de Guel Arraes na TV, que ele próprio caracteriza parte dessas realizações como "programas concentrados",[9] dada a diversidade e a quantidade de informações verbais, visuais e sonoras dentro de um único episódio e, mais ainda, numa única sequência. Uma consequência direta dessa "concentração" de informações num único programa é o ritmo acelerado da maioria de seus programas. Já a partir do primeiro programa que dirigiu sozinho na TV Globo, o seriado *Armação Ilimitada*, Guel Arraes se destacou por esse tipo de montagem: o sentido das sequências, editadas a partir de cortes sempre muito rápidos, dependia justamente das associações e contraposições criadas pelo modo como recursos gráfico-visuais e sonoros eram relacionados à mise-en-scène dos atores num contínuo jogo de intertextualidades com outros meios (cinema, quadrinhos etc.). Não é por acaso que *Armação Ilimitada* é ainda hoje um marco da incorporação de certa "estética do videoclipe" à dramaturgia na TV.

Em *Doris para Maiores*, essa montagem vertical e polifônica torna-se ainda mais radical com a multiplicidade de formas e temas explorados num único segmento do programa. A estrutura de *Doris para Maiores*, programa mensal de variedades, era por si só uma clara manifestação dos conceitos que orientam esse tipo de montagem. O programa era uma grande "colagem" de esquetes ficcionais, protagonizados por sua apresentadora, Doris Giesse, de performances paródicas do grupo *Casseta & Planeta*, de imagens de arquivo da própria TV e de reportagens em estilos pouco convencionais sobre temas e personagens ainda mais insólitos. Analisado como um todo, o programa apresentava-se como uma grande narrativa não-linear: um discurso articulado justamente pela acumulação de todos esses segmentos díspares, sem nenhuma relação direta entre si, em cada um dos blocos

---

[9] Depoimento incluído em Almeida e Araújo (1995, p. 128).

(igualmente autônomos entre si). Em *Doris para Maiores*, a sintaxe era, antes de mais nada, construída por elementos visuais: pelo emprego de telas divididas e "janelas", pelo uso de *letterings* e das mais variadas "molduras", pela exploração criativa do cromaqui e das propriedades plásticas da imagem. Todos os elementos dessa "gramática" visual do programa evidenciavam, enfim, essa tentativa de construção de um discurso comandado por uma lógica paradigmática, polissêmica e polifônica, tão frequentemente associada aos exercícios dessa montagem expressiva contemporânea.

2. AUTORREFERENCIALIDADE. Essa é provavelmente a característica mais evidente em toda a programação televisiva contemporânea. A televisão fala de si mesma todo o tempo. A definição da própria grade da programação é autorremissiva e autopromocional. Não poderia mesmo ser diferente, já que a televisão se tornou a principal aliada da atual sociedade de consumo e, para tanto, precisa estimular, antes de mais nada, o consumo de si mesma. A manifestação mais explícita dessa autorreferencialidade pode ser vista nos programas especializados em revelar os bastidores e exibir *making offs* dos próprios programas de TV. Também não faltam na programação das TVs os games *shows* nos quais o que os candidatos colocam à prova seus conhecimentos sobre as atrações e astros da televisão. A proposta estética de autorreferencialidade que o vídeo legou à TV não tem, no entanto, nada a ver com esse "narcisismo televisual" avesso a qualquer projeto crítico em relação ao próprio meio. Nos anos 1970-1980, quando o vídeo falava de si mesmo, o fazia na tentativa de evidenciar a imagem na era de sua reprodutibilidade técnica. A autorreferencialidade era então uma estratégia de desmascaramento dos mecanismos de mediação e dos artifícios da nova linguagem inaugurada pelas inovações tecnológicas. Consistia, sobretudo, no exercício de

uma metalinguagem e de uma prática desconstrutivista em relação aos modelos de representação da própria TV.

TV Pirata foi um marco dessa televisão que fala e ri de si mesma, mas que faz isso orientada por uma postura crítica em relação às suas próprias matrizes organizativas. Com o *TV Pirata*, pela primeira vez a Rede Globo colocou no ar um programa que "brincava" com sua própria programação: pura metalinguagem. *TV Pirata* era um programa de humor sem os temas e sem os profissionais reconhecidos nos programas de humor da época. Na forma de esquetes, cada edição semanal do *TV Pirata* recriava parodicamente os principais formatos da programação diária da TV: novelas, telejornais, os próprios programas humorísticos, até mesmo os intervalos comerciais. No programa, o riso era sempre consequente e inteligente: a grande piada era, em última instância, o próprio modo de produção da televisão, seus tipos e estereótipos, seus formatos já institucionalizados.

3. O PROCESSO COMO PRODUTO. Por trás desse procedimento, inspirado de modo mais direto na performatividade do teatro, estão alguns dos postulados que orientaram todos os trabalhos que se insurgiram contra o modelo de representação ilusionista criado pelo cinema clássico e, depois, herdado e massificado pela TV através da maioria de seus gêneros ficcionais (telefilmes, telenovelas etc.). Negam-se, com isso, os gêneros narrativo--representativos sustentados pela "janela" renascentista, pela "transparência" da imagem, pelo efeito de realidade que a TV, mesmo sem a imagem de qualidade do cinema, esforça-se por manter, incorporando seus artifícios de linguagem. Como o cinema clássico e, depois, a dramaturgia televisiva construíram essa representação naturalista do mundo? Basicamente, às custas do ocultamento do aparato de mediação e de suas estratégias de enunciação. Nos filmes hollywoodianos, como nas telenovelas da Globo, a história se apresenta como se fosse uma história contada por ninguém e para ninguém, como se a tela fosse essa

"janela" pela qual temos acesso direto ao real. No vídeo de criação, ao contrário, a tela é apenas uma tela, os discursos se assumem como discursos. Define-se, assim, por contraposição, uma configuração enunciativa pautada pelo "desmascaramento" dos dispositivos de mediação e pela apresentação (ou encenação) da própria representação.

Na produção do Núcleo Guel Arraes, há um programa que assumiu pioneiramente essa proposta de fazer de seu processo de produção o produto a ser exibido semanalmente na TV. Trata-se do *Muvuca*, um programa que resistiu, na época, a qualquer tentativa de classificação num gênero preexistente na TV. O que era o *Muvuca*? *Grosso modo*, o programa pode ser definido como uma espécie de *"reality show* metatelevisual": *reality show* porque já apostava na atração que câmeras ligadas 24 horas por dia, registrando as situações vividas por um grupo que convivia intensamente, podia despertar no público; metatelevisual porque o material registrado e exibido eram as próprias situações de produção do programa. No *Muvuca*, todas as ações se concentravam num casarão preparado pela Globo em Botafogo, no Rio, onde a equipe de trinta integrantes do programa praticamente passou a morar. A proposta era transformar os relacionamentos e as atividades dos próprios profissionais encarregados do programa em parte do "espetáculo" a ser mostrado. Para isso, havia pelo menos uma câmara sempre pronta para gravar no casarão. Tudo o que acontecia no casarão podia se transformar numa sequência do programa, porque nele não havia, a rigor, "bastidores". A muvuca em Botafogo era comandada por Regina Casé, a quem coube protagonizar também o *Cena Aberta* (2003), um projeto mais recente movido pela mesma deliberação de incorporar o processo de produção do programa naquilo mesmo que ele oferta ao espectador.

4. Estética da inversão. A pretensão de questionar o modelo hegemônico da televisão *broadcasting* predispôs a produção

independente em vídeo a todo tipo de inversão de formas e conteúdos da TV. Os temas que não tinham lugar nos programas das emissoras comerciais eram justamente os que mais interessavam à produção independente; os formatos que na TV *broadcasting* já estavam consolidados se transformaram em matéria-prima privilegiada dentro do projeto desconstrutivista do vídeo (o telejornal, por exemplo). Na produção independente, esse apelo à inversão como um dos pilares de sua proposta ético-estética teve como motivação principal a própria assimetria na qual se assentava o modelo de produção, transmissão e recepção da TV *broadcasting*. No fundo, o problema básico era: a tecnologia não impunha por si só o modelo unidirecional e hierárquico da comunicação, no qual todo o poder sobre o que era produzido e transmitido estava concentrado nas mãos do emissor, ou seja, dos canais de TV. O rádio e a televisão são tecnologias bidirecionais: quem recebe pode, em tese, transmitir, mas esta etapa é mais complexa, dispendiosa e especializada. Por isso, a minoria que dispõe dos meios para transmitir tende a ter domínio sobre a maioria que pode apenas receber ou não o que lhe é transmitido. O modelo de televisão por *broadcast* é, evidentemente, um modelo econômico e político, que se reflete também, em última instância, na programação das emissoras de TV. O que faz, então, o vídeo independente nos anos 1980? Na impossibilidade de intervir nos modelos de teledifusão, atenta contra os modelos de representação que pautam tais programações, questionando, de um lado, as relações de poder e "saber" entre produtor e receptor, e, de outro, a hierarquia entre o sujeito que representa e o outro que é representado (o sujeito enfocado).

Essa postulação assumida de modo mais nítido pelo vídeo independente dos anos 1980 nos ajuda hoje a compreender a proposta que está por trás de programas como *Programa Legal* e *Brasil Legal*, responsáveis, antes de mais nada, por uma inversão "do foco" na TV brasileira. O *Brasil Legal* é o exemplo mais evidente. Sua proposta básica era mostrar que situações banais do cotidiano de pessoas comuns podiam se transformar em objeto de um programa de televisão. Nos 10 a 15 minutos em que se dava sua aparição em um dos cinco blocos do programa, vendedores ambulantes, biscateiros, costureiras, agricultores, donas de casa, entre tantos brasileiros anônimos espalhados por todas as regiões do país, ocupavam, na tela, o lugar das celebridades fabricadas também pela própria televisão. O objetivo do *Brasil Legal* era revelar as pessoas: quem são, o que fazem, por que vale a pena conversar e conhecer Mázio Pezão, Dona Flora ou Glauber Moscabilly (cf. LIMA, 1997). Na montagem polifônica feita por Sandra Kogut, que dirigia o programa, o *Brasil Legal* constrói um inesperado painel de valores e pontos de vista; instaura uma rede de conversação a distância entre pessoas que nunca se viram e que a TV nunca mostrou, mas que parecem, no entanto, estranhamente familiares para nós e entre si. Toda essa criativa "colagem" de histórias, pessoas, lugares e universos os mais variados nada mais é do que a tentativa de abrir espaço na TV para outras vozes e outras imagens da realidade brasileira, sem nenhuma pretensão de construir um discurso unificador ou autoritário a partir delas.

    O *Brasil Legal* aprofundou a experiência anterior do *Programa Legal*. Em ambos, os entrevistados eram as "estrelas", e o grande atrativo, as histórias recolhidas, em sua maioria, num Brasil periférico, geralmente fora de pauta. A diferença básica entre as duas propostas era a articulação ou não em torno de um eixo temático. O *Programa Legal* notabilizou-se justamente pelo modo como elegeu e tratou temas de natureza mais antropológica que, apesar de amplamente explorados no vídeo independente, permaneciam fora da TV. Com o *Programa Legal*, apresentado também por Regina Casé em parceria com Luiz Fernando Guimarães, a TV passou a tratar dos bailes funks aos bailes de debutantes. O formato também era original: uma profusão de gêneros às avessas. No *Programa Legal* já não se reconheciam nem as formas organizativas do documentário clássico da TV, nem tampouco do chamado docudrama (mistura do ficcional com o não-ficcional). O programa levou para a TV temáticas sérias e densas, com eminente apelo e conteúdo documentais, mas abordadas sempre com irreverência e humor: recorria-se tanto ao jornalístico, com intervenções envolvendo personagens "reais", quanto à dramaturgia, com esquetes protagonizados por Regina Casé e Luiz Fernando. Eram também frequentes os quadros nos quais os dois atuavam, ao mesmo tempo, como um misto de repórteres (entrevistando pessoas, por exemplo) e comediantes (protagonizando cenas de "teatro de rua" com a participação de populares).

5. Mistura entre fabulação e informação. O êxito de crítica e de audiência do *Programa Legal*, outro programa-marco, contribuiu para legitimar dentro da TV a mistura entre o documentarismo e a dramaturgia que, hoje, foi incorporada até mesmo pelos programas assumidamente jornalísticos. Essa tendência tornou-se também um distintivo, na TV, da própria produção de séries e quadros produzidos recentemente pelo Núcleo Guel Arraes para o *Fantástico*, o mais importante programa de variedades da Globo, a exemplo de *Retrato Falado* (a partir de 2000), e *Copas de Mel* (2002), ambos protagonizados pela atriz Denise Fraga, além de *Um dos Três* (2006). Neste último, uma história real cotidiana, e geralmente cômica, é contada por três pessoas diferentes. A história, no entanto, aconteceu com apenas uma delas, pois as duas outras são atores/atrizes. O objetivo não é apenas divertir o espectador com uma história engraçada, mas convidá-lo a adivinhar quem está falando a verdade. Já em *Retrato Falado*, a proposta é recriar histórias engraçadas e reais vividas por pessoas comuns. O personagem é escolhido entre as mais de setecentas cartas que o quadro recebe por semana de anônimos interessados em ver sua história dramatizada na TV.

O protagonista dessa história real era então convidado a gravar um depoimento e, na montagem, seu relato ia sendo entrecortado com a reconstituição bem humorada das situações descritas feitas pela atriz.

Com a série *Copas de Mel*, veiculada por ocasião da Copa Fifa 2002, a experiência foi ainda mais radical. As histórias das conquistas dos títulos mundiais de futebol pelo Brasil são contadas com a ajuda de imagens raras de arquivo, do depoimento de técnicos e jogadores de futebol, que participaram das conquistas, e da participação de dois personagens ficcionais, Amélia (Mel) e Jiló (interpretados por Denise Fraga e Selton Mello). Na série, Mel é uma torcedora fanática que se infiltra na delegação brasileira, acaba se casando com Jiló, o roupeiro da seleção, e passa a interferir nos acontecimentos que, supostamente, teriam determinado o sucesso do Brasil nas Copas de Futebol. Profunda conhecedora do futebol, é Mel, por exemplo, quem "sopra" para o técnico Zagallo a escalação da vitoriosa seleção de 70. O mais curioso é que, na série, personagens reais, como o próprio Zagallo e o comentarista esportivo Galvão Bueno, gravaram depoimentos confirmando a influência da fanática torcedora sobre as decisões da seleção, o que fez com que muitos espectadores chegassem a acreditar que Mel havia existido de verdade.

Considerações finais

Inovações estéticas, aliadas a compromissos éticos na TV brasileira, não podem, certamente, ser creditados apenas às produções do Núcleo Guel Arraes. O Núcleo Guel Arraes ocupa, no entanto, um lugar singular nesse cenário. Graças à longevidade e repercussão de seus programas, o Núcleo já estendeu, decisiva e positivamente, sua influência para equipes de produção dentro da própria Globo, assim como para outras emissoras. A reoperação de postulados originários de outros campos, que marca a constituição do grupo, resultou, ao longo desses mais de vinte anos de produção, em novos postulados; a "brincadeira" com os formatos consolidados pela TV resultou em novos formatos; a metalinguagem da TV que propuseram foi retraduzida pela própria TV, ainda que, muita vezes, às custas de sua simplificação. A construção desse lugar de referência da renovação da linguagem televisual deve-se, por um lado, à capacidade do diretor Guel Arraes de aglutinar, nos projetos do Núcleo, diretores, redatores e roteiristas oriundos do movimento do vídeo independente, do cinema marginal, do teatro alternativo e dos jornais "nanicos". Deve-se, por outro lado, ao modo como esses realizadores, reunidos em torno de Guel Arraes, conseguiram "traduzir" e transformar essas tendências expressivas legadas por outras manifestações culturais e artísticas em elementos balizadores de formatos na TV brasileira. Nesse processo, Guel Arraes e seu grupo vêm atuando como agentes difusores do experimentalismo possível no interior do modelo de produção vigente na televisão comercial brasileira, assumindo, ao tensionarem "de dentro" a própria TV como dispositivo, um papel tão criativo quanto crítico.

Referências bibliográficas

ALMEIDA, C.; ARAÚJO, M. E. de (orgs.). *As perspectivas da televisão brasileira ao vivo*. Rio de Janeiro: Imago, 1995.

BUARQUE DE HOLANDA, H. *Asdrúbal trouxe o trombone*. Rio de Janeiro: Aeroplano, 2004.

FECHINE, Y. O vídeo como projeto utópico de televisão. In: MACHADO, A. (org.). *Made in Brasil*; três décadas do vídeo brasileiro. São Paulo: Itaú Cultural, 2003.

_____. *Televisão e experimentalismo*; o Núcleo Guel Arraes como paradigma. Anais do XXVI Intercom (CD-ROM). NP Comunicação Audiovisual. Belo Horizonte (MG): PUC-MG, 2003.

FECHINE, Y. *O projeto ético-estético de qualidade na TV do Núcleo Guel Arraes*; a série Cena Aberta como síntese. Anais do XXIX Intercom (CD-ROM). NP Comunicação Audiovisual. Brasília: UnB, 2006.

_____. *Grupo ou Núcleo?* Guel Arraes como referência. Anais do XXX Intercom (CD-ROM). NP Comunicação Audiovisual. Santos: Unisantos/Unimonte/Unisanta, 2007.

_____. *Influências do Núcleo Guel Arraes na produção televisual brasileira*; anais do XVI Compós (CD-ROM). GT Mídia e Entretenimento. Curitiba: UTP, 2007.

_____; FIGUEIRÔA, A. *Documento de Trabalho do Grupo de Pesquisa em Mídia e Cultura Contemporânea*; n. 1, Dossiê Guel Arraes. Recife: Fasa/DCS-Unicap, 2003.

LIMA, R. de C. G. B. *Todos os tempos*; uma interpretação sobre o trabalho de Sandra Kogut. Tese de Doutorado, Programa de Comunicação e Semiótica – PUC-SP. São Paulo: 1997.

MACHADO, A. *Formas expressivas da contemporaneidade, pré-cinemas & pós-cinemas*. Campinas (SP): Papirus, 1997.

PROJETO MEMÓRIA DAS ORGANIZAÇÕES GLOBO. *Dicionário da TV Globo*; vol. 1: Programas de dramaturgia e entretenimento. Rio de Janeiro: Jorge Zahar, 2003.

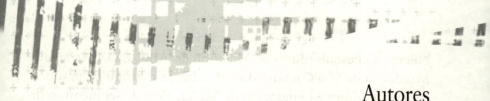

Autores

André Barbosa Filho

Doutor em Ciências da Comunicação pela ECA/USP (2003), mestre em Ciências da Comunicação pela Umesp (1996), é radialista, músico e pesquisador. Atua como Assessor Especial da Ministra-Chefe da Casa Civil da Presidência da República para políticas públicas de comunicação. Autor dos livros: *Gêneros radiofônicos; os programas e os formatos em áudio* (Paulinas, 2003); *Rádio: sintonia do futuro* (org.) (Paulinas, 2004) e *Mídias digitais: convergência tecnológica e inclusão digital* (org.) (Paulinas, 2005). É pesquisador associado do LAPCom/UnB.

Eduardo Vicente

Doutor em Ciências da Comunicação pela USP. Professor efetivo no curso de Audiovisual da Escola de Comunicações e Artes da USP, onde também leciona na pós-graduação. É avaliador de cursos do Inep/Mec. Trabalha principalmente com os seguintes temas: música popular, indústria fonográfica, produção musical independente, educomunicação, radiodifusão, linguagem sonora, produção radiofônica e tecnologias digitais.

Herom Vargas

Doutor em Comunicação e Semiótica pela PUC-SP. Professor da Universidade Municipal de São Caetano do Sul (USCS) e da Universidade Metodista de São Paulo (Umesp). Participa do

Núcleo de Pesquisadores de Memória do ABC, da Universidade Municipal de São Caetano do Sul, e lidera o grupo de pesquisa Música, Cultura e Linguagens da Mídia, além de ser membro da seção latino-americana da International Association for Study of Popular Music (IASPM-AL). É autor de *Hibridismos musicais de Chico Science & Nação Zumbi* (Ateliê Editorial, 2007) e tem artigos em revistas acadêmicas e pesquisas envolvendo os temas: música popular, comunicação, jornalismo cultural, história cultural e a região do ABC paulista.

João Batista Cardoso

Doutor em Comunicação e Semiótica pela PUC-SP (2006). Professor do Programa de Mestrado em Comunicação da Universidade Municipal de São Caetano do Sul (PPG/USCS) e professor nas universidades Mackenzie e Santa Cecília. Líder do Grupo de Pesquisa "Os signos visuais nas mídias", onde desenvolve pesquisas no campo da Semiótica Visual e Comunicação Visual nas Mídias. Autor do livro *A semiótica do cenário televisivo* (Annablume/USCS/FAPESP, 2008).

Luiz Adolfo de Andrade

Jornalista e doutorando do Programa de Pós-graduação em Comunicação e Culturas Contemporâneas, linha de pesquisa cibercultura, da UFBa. Mestre em Comunicação pela Universidade Federal Fluminense, linha de pesquisa "Comunicação e Novas Tecnologias". Pesquisador do GPC (Grupo de Pesquisa em Cibercidade), na UFBa, e do LabCult (Laboratório de Pesquisa em Culturas Urbanas, Lazer e Tecnologia), na UFF. Conselheiro do Coneco (Congresso dos Estudantes de Pós-graduação em Comunicação). Desenvolve pesquisa na área de *games*, *marketing* e mobilidade, e possui artigos em periódicos e congressos que tratam das relações entre jogos eletrônicos, tecnologia, comunicação e cultura.

MARCELLO GIOVANNI TASSARA

Graduado em Física, mestre e doutor em Artes pela Universidade de São Paulo e Publicitário pela ESPM. Professor da Universidade Anhembi Morumbi e aposentado pela USP. Realizou cerca de setenta filmes: de animação, documentários experimentais e científicos, incluindo um longa-metragem sobre a fundação e história da USP.

ROBERTO ELÍSIO DOS SANTOS

Doutor em Ciências da Comunicação e pós-doutorado em Comunicação pela ECA-USP. Professor da Universidade Municipal de São Caetano do Sul (USCS), vinculado ao Programa de Mestrado em Comunicação, e vice-coordenador do Observatório de Histórias em Quadrinhos da ECA-USP. Lidera o Grupo de Pesquisa "Gêneros Ficcionais e Cultura Midiática". Tem experiência na área de comunicação, com ênfase em organização editorial de jornais, atuando principalmente nos seguintes temas: história em quadrinhos, teorias da comunicação, jornalismo, gestão da comunicação regional, televisão e cinema. É autor dos livros *Introdução à teoria da comunicação* (Editora da Umesp, 1998), *Para reler os quadrinhos Disney* (Paulinas, 2002), *Cinema: arte e documento* (Editora Pueri Domus, 2002), *As teorias da comunicação: da fala à internet* (Paulinas, 2004), *História em quadrinhos infantil: leitura para crianças e adultos* (Marca de Fantasia, 2006), além de organizador do livro *O Tico-Tico 100 anos* (Opera Graphica, 2005).

SIMONE PEREIRA DE SÁ

Bolsista de Produtividade em Pesquisa do CNPq – Nível 2. Doutora em Comunicação pela Universidade Federal do Rio de Janeiro. Professora adjunta da Universidade Federal Fluminense – curso de Estudos de Mídia e Programa de Pós-graduação em Comunicação, linha Tecnologias da Comunicação. Nesse

Programa, coordena o LabCult (Laboratório de Pesquisa em Culturas Urbanas, Lazer e Tecnologias [http://labcult.blogspot.com]). Tem experiência na área de Comunicação, com ênfase em Cibercultura, Música Massiva, Cultura do Entretenimento, Tecnologias da Comunicação e Sociabilidade, atuando principalmente nos seguintes temas: cibercultura, gêneros e cenas da música eletrônica, música massiva, comunidades virtuais, games, narrativas digitais. Autora dos livros *Baiana Internacional: as mediações culturais de Carmen Miranda* (MIS/Faperj, 2002), *O samba em rede: comunidades virtuais, dinâmicas identitárias e Carnaval carioca* (E-Papers, 2005), e coorganizadora do livro *Prazeres digitais: computadores, entretenimento e sociabilidade* (E-Papers, 2004).

YVANA FECHINE

Doutora em Comunicação e Semiótica pela PUC-SP. Professora adjunta da Universidade Federal de Pernambuco (Departamento de Comunicação Social, Programa de Pós-graduação em Comunicação) e professora-associada do Centro de Pesquisas Sociossemióticas (PUC-SP – USP – CNRS). Atuou profissionalmente como jornalista por mais de doze anos, trabalhando em empresas como Rede Globo, TV Jornal/SBT, *Jornal do Brasil* e *O Globo*. Suas atividades de ensino e pesquisa estão voltadas principalmente para as seguintes áreas/objetos: linguagens do vídeo e da televisão, transmissão direta na TV, semiótica e mídias.